U0541109

本书为中国社会科学院—乌克兰基辅格里琴科大学中国研究中心，"一带一路"国别社会学合作研究成果。

THIS IS THE COOPERATIVE RESEARCH RESULT OF THE BELT AND ROAD NATIONAL SOCIOLOGY OF CHINESE ACADEMY OF SOCIAL SCIENCES-BORYS GRINCHENKO KYIV UNIVERSITY：CENTER OF CHINA STUDIES.

中国与乌克兰
中等收入群体与中产阶层研究

China and Ukraine
Study on Middle-income Group and Middle Class

张翼　等著

中国社会科学出版社

图书在版编目（CIP）数据

中国与乌克兰：中等收入群体与中产阶层研究/张翼等著.—北京：中国社会科学出版社，2022.1（2023.2 重印）

ISBN 978 – 7 – 5203 – 9240 – 2

Ⅰ.①中…　Ⅱ.①张…　Ⅲ.①中等资产阶级—对比研究—中国、乌克兰—现代　Ⅳ.①D663.6②D751.136.1

中国版本图书馆 CIP 数据核字（2021）第 253868 号

出 版 人	赵剑英
责任编辑	张冰洁　侯聪睿
责任校对	芦　荟
责任印制	王　超

出　　版	中国社会科学出版社
社　　址	北京鼓楼西大街甲 158 号
邮　　编	100720
网　　址	http://www.csspw.cn
发 行 部	010 – 84083685
门 市 部	010 – 84029450
经　　销	新华书店及其他书店

印刷装订	北京君升印刷有限公司
版　　次	2022 年 1 月第 1 版
印　　次	2023 年 2 月第 2 次印刷

开　　本	710×1000　1/16
印　　张	12.5
插　　页	2
字　　数	185 千字
定　　价	75.00 元

凡购买中国社会科学出版社图书，如有质量问题请与本社营销中心联系调换
电话：010 – 84083683
版权所有　侵权必究

序 言 一

2018年，经双方友好协商和中国社会科学院国际合作局批准，中国社会科学院社会发展战略研究院与乌克兰基辅格里琴科大学一致同意在基辅格里琴科大学共建中国研究中心。

2019年，为推进中国研究中心的科研工作，加强学术界对中国与乌克兰的相互了解，双方协商以"中等收入群体和中产阶层"为主题展开合作研究，由基辅格里琴科大学负责组织完成乌克兰中产阶层的研究，由中国社会科学院社会发展战略研究院负责组织中国中等收入群体与中产阶层的研究。经双方研究人员的努力，《中国与乌克兰：中等收入群体与中产阶层研究》终于完成，发挥了中国研究中心的学术交流与平台支撑作用。

在合作研究中，2018年3月乌克兰基辅格里琴科大学校长维克托·奥格涅夫尤克应邀到访中国社会科学院社会发展战略研究院，在友好交流基础上，签署了社会发展战略研究院与基辅格里琴科大学学术合作研究协议。访问期间，维克托·奥格涅夫尤克校长拜会了时任中国社会科学院副院长蔡昉教授，当时由他主管外事工作。2018年4月应基辅格里琴科大学之邀，笔者本人率中国社会科学院社会发展战略研究院代表团访问乌克兰，就进一步加强中国研究中心建设，促进双方学术交流，开展共同学术研究与维克托·奥格涅夫尤克校长进行了交流，笔者本人也应邀在基辅格里琴科大学以"中产阶层的崛起与改革开放以来中国社会结构的变迁"为题作了演讲。2018年9月，在双方共同努力下，时任中国社会科学院副院长李培林教授率团访问基辅格里琴科大学，参加了中国研究中心的盛大揭牌仪式。自此，社会发展战略研究院与乌克兰基辅格里琴科大学的学术交流在中国社会科学院中国研究中心的框架下进入机制化发展阶段。

《中国与乌克兰：中等收入群体与中产阶层研究》作为双方共同合作研究的重要成果，聚焦中等收入群体与中产阶层这一重要研究对象，体现了双方发挥各自学术优势和学科优势进行对接研究的专长，有利于我们共同加强科研合作、推动中国研究中心的高质量建设，开展友好学术交流。成果的出版，还有利于双方人民加强对中国与乌克兰国情的认识和了解。中等收入群体与中产阶层，既是中乌两国经济社会发展重点培育的群体，也是世界各国现代化转型必经的社会结构转型。不管是对中国，还是对乌克兰，占总人口相当规模的中等收入群体或中产阶层的生成，是促进经济发展、实现包容增长、推动社会可持续发展的重要依靠力量。

2014年，在中央经济工作会议上，习近平总书记说，"从目前看，我国经济总量不断扩大，中产阶层比重稳步增加，到时候可以完成主要经济指标"。可见，在中央决策层，中产阶层比重的稳步增加，强力支撑了中国的现代化建设。

事实上，改革开放以来，中国社会结构转型的一个最显著特征就是中产阶层的崛起与中等收入群体的不断扩大。在收入分配中日益扩大的中等收入群体与在阶层结构中迅速形成的中产阶层，是两个重叠度很高的社会变量。在研究过程中，我们大体可以将其视为一枚硬币的两个方面。中国当前的中产阶层，属于在受教育程度、职业地位和收入水平三个方面都居于社会中间层的社会阶层。中国的中等收入群体，是收入水平居于社会中间层的社会群体。中产阶层因其教育资本与职业地位的提升而拉升了其收入水平。在收入水平居于社会中间层的中等收入群体中，绝大多数属于中产阶层。当然，有一部分工匠与技术工人、服务业中的稀缺工作者也获得了收入提升的机会。也有一部分中产阶层的成员收入水平并不高，尤其是在东北和中西部地区偏远地方的中产阶层，其当期收入水平（主要是到手的现金工资）并不高，但在加上社会保障（包括养老保险、医疗保险、工伤保险、生育保险、失业保险和住房公积金，统称"五险一金"）之后，由其工作岗位所获得的全部收入与福利，无疑是居于"中间层"的。在其所在的行政区划内部，其在劳动力市场竞争中，也具有较高职业声望。中国的改革开放为中产阶层和中等收入群体的扩大创造了制度红利，教育扩招为中产阶层和中等收入群体的扩大准备了人力资源，科技发展与技术进步所创造的新职业拉动了新生就业者向社会中间层的流动，市场经济所提供的竞争性为社会中间层的收入提升带来了源源不断的动力。所以，未来，只要社会稳定发展，则中国中产阶层和中等收入群体的规模还会继续扩大。

2020年，中国共产党的十九届五中全会为"十四五"时期及2035年的中长期发展进行了远景规划，将共同富裕和扩大中等收入群体作为重要发展目标。2021年3月召开的中国人民代表大会，通过了《中华人民共和国国民经济和社会发展第十四个五年规划和2035年远景目标纲要》，对"实施扩大中等收入群体行动计划"作了更为细致的设计。2021年7月1日，习近平总书记在纪念中国共产党成立一百周年大会的讲话中，向世界庄严宣告中国已全面建成小康社会，消除了绝对贫困现象，同时也开启了建设社会主义现代化国家的新征程。当前，中国有4亿多中等收入群体，其所形成的超大规模市场效应，不但在内需上能够有效拉动经济增长，而且也会通过外需释放对世界经济增长的积极意义。从2007年开始，中国经济增长对世界经济增长的贡献率就占世界第一位。连续多年，中国经济增长对世界经济增长的贡献率超过30%，长期稳居世界第一位。可以毫不怀疑地说，中等收入群体和中产阶层的扩大，对中国经济和中国社会的发展做出了重要贡献。

乌克兰是欧洲的粮仓，是世界第三大粮食出口国，长期既属于农业大国也属于工业大国。到现在为止，其第一产业在GDP中仍然占比达25%左右。乌克兰的重工业发达，造船业、航天业、材料业和军火工业在世界占有重要地位。但在社会转型过程中，出现了总人口逐步减少（从 2010 年到 2020 年，乌克兰人口持续减少。在 1993 年，乌克兰人口为 5220 万人，在 2010 年降低到 4590 万人，到 2020 年又降低到 4410 万人）。人口大量向西欧的流动，导致老龄化水平迅速提升（在 1993 年 65 岁及以上老年人口占比仅仅为 13.1%，到 2000 年为 13.8%，到 2020 年达到 17%）。年轻的、人力资本较高的、具有创业能力的人口的外移、老龄化的迅速提升等减缓了其经济增速。这使乌克兰中产阶层的数量和占比出现了下降态势。2013 年乌克兰人均 GDP 为 4029 美元，2020 年为 3726 美元。与此同时，乌克兰的城镇化率也深受影响，从 2010 年的 68.6% 仅仅上升到 2019 年的 69.5% 左右。乌克兰粮食充足、物价低廉、住房租金便宜、人民生活衣食无忧。基辅等大城市文化生活丰富、商业繁荣。乌克兰的高等教育毛入学率很高，超过 85%（女性的高等教育毛入学率高于男性），高等教育投入占政府支出的比重超过 30%。在 2020 年，以购买力平价计算的人均 GDP 达到 1.31 万（PPP），以购买力平价计算的人均 GNP 达到 1.33 万（PPP）。这使乌克兰一旦重拾发展机会，必然也会迅速崛起。

在过去的三十年中，乌克兰的社会结构发生了重大变化。1991 年，乌克兰工业增加值占 GDP 的比重高达 54.5%，到 2020 年已持续下降到 20.9%（2020 年中国为 37.8%），而服务业增加值占 GDP 的比重则由 1991 年的 34.5% 上升到 2020 年的 55.6%（2020 年中国为 54.5%）。在国民经济中服务业的迅速增长，必然为中产阶层的发展创造条件。

但受人均 GDP 较低的影响，中国和乌克兰的中产阶层都比较薄弱，都是第一代中产阶层，都缺少代际财富与文化的积淀，都易于在经济波动中深受影响。

因此，深入开展中等收入群体与中产阶层的研究，对中乌两国经济社会发展同样具有重要的社会意义和学术价值。《中国与乌克兰：中等收入群体与中产阶层研究》从中国中等收入群体与中产阶层研究、乌克兰中产阶层研究两个方面出发共同设计研究框架，设置最终成文成果的篇章结构，展现了双方学术团队精诚的合作与高质量的学术水准。内容上，中国中等收入群体与中产阶层研究方面涉及中国社会各阶层的消费倾向、中等收入群体发展状况与社会结构优化、中国教育发展与中等收入群体扩大、中国扩大中等收入群体的经济社会发展意义等方面。乌克兰中产阶层研究方面涉及中产阶层与社会结构演化、中产阶层研究的理论基础、乌克兰转型期社会的阶层结构与中产阶层的形成、乌克兰中产阶层的变化与发展等方面。基本内容涵盖了中等收入群体与中产阶层研究的最新成果与学术前沿，双方学术团队立足中国与乌克兰中等收入群体与中产阶层发展的特点，进行了深入的研究，形成了这部兼顾基本理论，面向两国中等收入群体与中产阶层发展现状、聚焦时代发展学术前沿的学术专著。其不但对于中乌两国学术界和知识界相互了解彼此的中等收入群体与中产阶层的发展情况，提供了第一手权威的参考资料，而且对于从事国别研究的学者，提供了重要的学术索引，也为乌克兰社会更加深入地了解中国的发展，为中国学者更加深入了解乌克兰的发展提供了重要参考。同时，在国别社会学研究中，也以翔实数据呈现了中国与乌克兰的社会发展与社会转型过程。

我希望这部学术著作的出版，可以为中国社会科学院—乌克兰基辅格里琴科大学中国研究中心的高质量发展提供新的发展契机，推动双方在新的发展基础上，进行更为深入的学术研究与合作。在此，诚挚感谢双方学术团队的共同努力与辛勤劳动，感谢基辅格里琴科大学学术同仁的通力合作。

张翼
博士、研究员
中国社会科学院社会发展战略研究院院长
社会变迁研究会会长
中国社会学会副会长
2022 年 1 月

序 言 二

《中国与乌克兰：中等收入群体与中产阶层研究》科学专著是中国社会科学院社会发展战略研究院与基辅格里琴科大学研究合作的成果。

2018 年 9 月，基辅格里琴科大学举办了一项里程碑事件——正式接待了由中国社会科学院副院长李培林教授率领的中国社会科学院代表团。在中国社会科学院和中华人民共和国驻乌克兰大使馆的支持下，设立了中国研究中心。所述专著《中国与乌克兰：中等收入群体与中产阶层研究》是中国社会科学院社会发展战略研究院和基辅格里琴科大学的学者在中国研究中心的活动范围内开展研究所取得的成果。这本书的乌克兰方面的作者当中有基辅格里琴科大学的顶级科学家，包括社会哲学家、经济学家和历史学家等。

本专著所选的主题关乎中乌两国，现阶段中国和乌克兰中等收入群体与中产阶层的形成是两国经济发展的条件与核心。因此，有必要研究作为社会经济组成部分的中产阶层在中国和乌克兰形成与发展的前提条件和存在的问题。因为，中产阶层可以带来高水平的国内消费，从而为国民经济和社会的发展做出贡献。

世界经济发展所伴随的一个重要过程就是减少收入不平等现象、提高生活水平，同时消除贫困。这些问题得到有效解决的一个指标就是中产阶层在各个国家及全球层面的形成与发展。

我们关注中产阶层，首先是因为中产阶层聚合了社会上最有能力的人力资源，他们具有高度的专业知识和活动潜力。事实上，社会活动可促进科技发展和社会经济增长。因此，中产阶层的数量被认为是衡量社会政治和经济改革有效性的一个指标。

中产阶层在国民经济中扮演着特殊角色，是社会维持平衡与稳定的重要因素。中产阶层构成了中小企业最广泛的消费者市场，也是促进社会发展的"稳定器"。

人们传统上认为中产阶层对于稳固社会发挥着重大作用，给社会带来稳定和可持续发展。中产阶层稳固社会的作用是由其强大的经济地位和社会地位决定的。因此，一个国家要想实现发展并取得成功，就需要扩大中产阶层。

希望中乌学者的这部合作研究著作对所有关注中产阶层形成与发展的人都会有所裨益。

真诚感谢中国社会科学院社会发展战略研究院同仁们的通力合作，期待双方未来有更多有趣有益的合作研究项目。

维克多·澳格涅夫尤科（Viktor Ogneviuk）
哲学博士、教授
乌克兰国家教育科学院院士
基辅格里琴科大学校长
2022年1月

目 录

第一篇 中国中等收入群体与中产阶层研究

当前中国社会各阶层的消费倾向 …………………………………（3）

中等收入群体发展状况与社会结构优化 …………………………（30）

中国教育发展与中等收入群体扩大 ………………………………（43）

中国扩大中等收入群体的经济社会发展意义 ……………………（72）

第二篇 乌克兰中产阶层研究

中产阶层与社会结构演化 …………………………………………（91）

中产阶层研究的理论基础 …………………………………………（130）

乌克兰转型期社会的阶层结构与中产阶层的形成 ………………（153）

乌克兰中产阶层的变化与发展 ……………………………………（166）

后记 …………………………………………………………………（189）

第一篇
中国中等收入群体与中产阶层研究

当前中国社会各阶层的消费倾向

本书利用 2013 年 CSS 数据对中国社会各阶层消费倾向进行分析，发现农民阶层、工人阶层和老中产阶层的平均消费倾向较高但受收入约束，农民阶层和工人阶层边际消费倾向较低。将消费进一步区别为生存性消费和发展性消费之后，显示的趋势是农民阶层、工人阶层和老中产阶层的生存性边际消费倾向较高。新中产阶层与之相反，其生存性边际消费倾向较低，而发展性边际消费倾向却很高。由此可见，在顶层设计居民消费的供给侧结构性改革时，需要在生存性消费上瞄准农民阶层、工人阶层和老中产阶层，在发展性消费上瞄准新中产阶层和业主阶层。

在当前全球经济持续低迷、出口乏力、投资不振的大背景下，消费成为"稳增长、调结构、促改革、惠民生、控风险"当务之急的动力机制。而中国的消费市场正在从模仿型排浪式向多档次、个性化、多样化发展。为适应消费结构的新变化，政府近期持续强调，要在适度扩大总需求的同时，着力加强供给侧结构性改革，加强优质供给，减少无效供给，扩大有效供给，提高供给结构的适应性和灵活性，增强经济持续增长动力。这反映了中国进入中等收入阶段之后消费的次第升级，也预示着社会阶层分化已导致消费市场细化，使其对供给结构形成了多元诉求。

因此，为刺激内需和改善供给结构所进行的顶层设计，既需关注不同阶层的消费偏好，也要重视各阶层生活质量改善的时代性和阶段性特征。在生产者和流通者以商品价格、商品质量和多样化个性特征供给市场的同时，消费者的消费也以其购买偏好逐渐形成等级性类属。这是消费社会学研究得出的基本结论。不管是"夸富宴"①，还是"有闲阶级"的消费需求②，抑或理性或非理性消费方式③都是阶层分化过程中出现的消费趋势。在这种情况下，以阶层为变量分析人们的消费倾向，无论对需求侧改革，还是对供给侧改革都具有重要的现实意义与理论意义。

一 理论背景、数据与变量

20世纪60年代，罗斯托将社会发展过程划分为"传统阶段""准备起飞阶段""起飞阶段""走向成熟阶段"和"大众消费阶段"。④ 1971年，鉴于社会发展的新态势，他又在《政治与成长阶段》中，在"大众消费阶段"之后增加了"超大众消费阶段"，以解释大众生活质量的提升趋势。改革开放以来，中国维持了长达三十多年的高速增长，在将自己发展为世界第二大经济体的同时，也步入中等收入阶段。这在很大程度上提升了居民的消费结构。王宁认为，中国社会从总体上看仍是一个大众生产和精英消费并举的双轨社会，但城市正在步入消费社会。⑤

的确，人类进入工业社会与后工业社会之后，已逐渐摆脱农业社会的短缺状态，以机器大生产方式开启了供给之路，增加了消费品的可选择性，越来越明显地表现出消费社会的特征，逐步从生产者社会

---

① "夸富宴"是博厄斯（Franz Boas）定义的一个概念，后经他的学生本尼迪克特（Ruth Benedict）再度解释为夸克特人的散财宴仪式，即以明显浪费的方式夸耀自己的富有，并将自己与其他人区别开来。凡勃伦也曾将有闲阶级的消费概括为炫耀性消费。

② [美]凡勃伦:《有闲阶级论》，蔡受百译，商务印书馆1964年版，第75—95页。

③ [美]丹尼尔·贝尔:《资本主义文化矛盾》，赵一凡等译，人民出版社2010年版，第119、194、280页。（丹尼尔·贝尔区别了在理性主义和非理性主义影响下消费的差异，指出在后工业社会，"欲求"wants代替了"需求"needs。）

④ 罗斯托:《经济成长的阶段》，国际关系研究所编译室译，商务印书馆1962年版，第10页。

⑤ 王宁:《从苦行者社会到消费者社会》，社会科学文献出版社2009年版，第1页。

转变为消费者社会。① 西美尔认为，在上层阶层强调消费异质性的同时，中间阶层和底层民众会通过对"时尚"的模仿拉近其与上层阶层的差距。② 波德里亚认为，进入消费社会后，人们对物的消费已从使用价值转化为对其社会地位表征的追求。所以，消费才在宏大社会叙事中更加凸显阶层的符号化含义③，人们开始不看重消费品的使用价值，而偏向于消费品的符号价值。对此，丹尼尔·贝尔也有过颇为精到的分析。④ 已有相关研究刻画了从商品短缺社会向商品过剩社会、从封闭型社会向深受全球化影响的开放型社会的转型及转型后的时代特征。但市场经济的波动性所导致的结果是极其复杂的。在经济上升时期，消费品的供给如萨伊定律一样，会自动产生需求；在经济下行时期，消费的"疲软"会使"剩余更为剩余"，这使政府不得不"去过剩产能"和"去库存"。于是，在认可消费结构的阶层符号特征存在的同时，还需继续深化研究。在差异化市场需求的框架下，"匹配"出各阶层，特别是中下阶层能够接受的制度安排，以满足或刺激大众的消费欲望，使供给侧结构适用于需求侧结构的变化。毕竟，消费产生的满足感或消费差距相对缩小带来的获得感，才能最终影响大众的幸福感。

较早以指标形式描述消费阶层差异的是德国统计学家恩格尔。他发现伴随人们收入的增长，食品在其总消费中的占比会逐渐下降。国际粮农组织依据恩格尔系数的高低，将消费阶层划分为最贫困阶层、勉强度日阶层、小康阶层、富裕阶层和最富裕阶层。⑤

---

① ［英］齐格蒙特·鲍曼：《全球化——人类的后果》，郭国良、徐建华译，商务印书馆2013年版，第76—79页。

② ［德］齐奥尔格·西美尔：《时尚的哲学》，费勇等译，文化艺术出版社2001年版，第70—90页。

③ ［法］让·波德里亚：《消费社会》，刘成富、全志刚译，南京大学出版社2001年版，第68—69、84—85页。

④ ［美］丹尼尔·贝尔：《资本主义文化矛盾》，赵一凡等译，人民出版社2010年版，第140—147页。

⑤ 按照联合国粮农组织的规定，恩格尔系数在0.60以上为最贫困阶层，在0.50—0.59之间为勉强度日阶层，在0.40—0.50之间为小康阶层，在0.30—0.40之间为富裕阶层，在0.30以下为最富裕阶层。

改革开放以来，中国的恩格尔系数不断下降，从1978年城镇57.5%、农村67.7%下降到2000年城镇39.2%和农村49.1%。2010年进一步下降为城镇35.7%和农村41.1%。到2013年，中国恩格尔系数已经降低到城镇35.0%，农村37.7%。[①] 利用恩格尔系数的分层作用，李培林、张翼从学理意义层面讨论了阶层作为一个客观变量对东南亚危机时期中国内需启动的政策含义。[②]

但恩格尔系数具有局限性。其一，伴随收入的上升，在长时段里，它的确会处于下降态势。可在短时段中，它有时会处于上升态势，有时会处于下降态势。其二，一般情况下，一个社会的恩格尔系数比较稳定，但在某些特殊因素影响下，如因为供给市场结构的重大变化，消费者的消费结构亦会发生转变。由于其他消费项占比的上升或下降，恩格尔系数会出现重大波动，使其失去对生活质量差异性的解释力。例如，消费者房租支出的上升、高档耐用消费品的购买、较高教育费用的支出等，都可能会降低家庭的食品消费支出占比。在这种情况下，恩格尔系数的降低非但不能说明当期生活质量的提升，反倒预示着人们可能会降低食品消费支出，抑或压缩其他项消费支出，从而影响当期生活质量。[③]

事实上，通过节衣缩食购买昂贵的"耐用消费品"，的确是有些人的消费偏好。另外，一般情况下，按揭贷款需用很长时间才能还清，但经济环境却处于周期性波动状态。因此，如果经济下行降低了人们的当前收入或预期收入，在按揭贷款不可能随之减免时，恩格尔系数的降低就更与现实生活质量的提高相背离。食品价格的上升，非食品价格的下跌，或收入差距拉大导致上层阶层收入增速较快、下层阶层增速较慢等，都会引起一个社会的恩格尔系数变化。也就是说，有时

---

① 国家统计局：《2013年国民经济与社会发展统计公报》，http//www.stats.gov.cn/tjsj/zxfb/201402/t20140224_514970.html。

② 李培林、张翼：《消费分层：启动经济的另外一个视角》，《中国社会科学》2001年第2期。

③ 除住房外，导致恩格尔系数发生变化的因素还有很多，比如教育支出、医疗支出，抑或因年老生活不能自理而发生的保姆费支出的增长等，都会降低食品支出的占比。

它不会伴随收入的上升而处于绝对下降态势。

另外,从恩格尔系数的基本原理中可以发现,在消费支出中,食品、衣服等生活必需品占比会趋于下降,而非生活必需品和服务消费占比会趋于上升。因此,将消费划分为维持基本生存所需与用于未来发展所需两大类,更有利于对阶层消费变化状况的分析。很多人在研究收入构成与消费结构时,会将各种不同来源的收入与不同渠道的消费统合或分列,依据自己的理论偏好细化研究。[①]

在理论上,人们都有不断改善消费水准的心理愿望,但在收入约束下,消费决策的优先序列会有所不同。所以,为满足实际需求而发生的消费结果会表现出层次性。恩格斯在 1891 年为《雇佣劳动与资本》写的导言中,将消费资料划分为生活资料、享受资料、发展和表现一切体力和智力所需的资料。[②] 马斯洛在需求层次论中,也将人们的需求满足程度区别为生理需求、安全需求、社交需求、尊重需求和自我实现需求。按照马斯洛的理解,人们会率先满足生理与安全等方面的需求,然后再满足社交、尊重和自我实现等需求。因此,用于基本生存需求的消费,对于下层阶层来说,具有根本的意义。人只有维持生命的存在,才可能追求未来的发展。所以,以定量方式将以家庭为单位的消费数据区别为当前用于消费者个人及家庭其他成员为维持劳动力的生产和再生产而发生的基本消费——生存性消费,以及为追求更高生活质量和未来发展机会而发生的消费——发展性消费[③],对于政策制定者来说,具有顶层设计意义,这不仅对消费市场的刺激有瞄准意义,而且对供给侧结构性改革有指导意义。

与经济学家以货币方式抽象出消费支出的列项分析不同,社会学家主要关注不同阶层对具象化商品的消费选择与消费地点的安排,以

[①] 李实和罗楚亮 2012 年的研究发现,教育、医疗、健康等支出的差异不仅影响人们当前的收入差距,而且还对子女的发展机会构成重要影响。参见李实、罗楚亮:《我国居民收入差距的短期变动与长期趋势》,《经济社会体制比较》2012 年第 4 期。

[②] 卡尔·马克思:《雇佣劳动与资本》,人民出版社 1961 年版。

[③] 享乐性消费也可归到发展性消费中。

及消费的文化意义。① 例如，问卷设计经常询问被访者在什么地方吃饭、在什么地方购买衣服，家里是否有电脑、电视、冰箱、洗衣机、小轿车，等等。调查的基本假设是在大饭店吃饭、在品牌店购衣的人阶层地位较高。同理，家里有电脑、冰箱、洗衣机、电视、轿车等人的消费水平高，阶层地位也高。上述指标在卖方市场阶段，甚至在从卖方市场向买方市场转型的最初阶段，无疑具有阶层区分意义。但到了买方市场阶段后，因各类商品使用价值差别不大，但符号价值差异较大，因此商品种类作为阶层区分指标有时不一定灵敏。比如不同品牌的轿车、电视、冰箱、电脑的价格与品质存在很大区别。如果只粗略以这种分类变量来进行阶层区分，其间的差异就难以细化。但如果在问卷调查中询问每一被访家庭的某一耐用消费品如轿车的品牌、价格、配置、耗油量、购买地点等，无疑极其烦琐，而且这种数据也很难得到。② 有关品牌与古董消费的调查，在"山寨"货充斥市场的大背景中，更难辨析真伪，也难以对数据做出判断。

　　在这种情况下，如果不计阶层消费的具象品位差异，而假定著名的品牌产品更具价格竞争力，并假定成交价格能够反映阶层之间支付能力的差异，则可以家庭购买能力，或一个家庭当期支付的某类商品或服务的货币额度为标准，以阶层视角去研究人们的消费倾向与消费结构，并以此为基础来讨论具有市场针对性的刺激政策。加里·贝克尔通过量化模型分析，形象地将家庭或个人的消费行为视为一种"生产或再生产过程"，即可以通过对某消费品的消费而产生具有阶层意

---

① 相关研究参见戴慧思、卢汉龙《消费文化与消费革命》，《社会学研究》2001年第5期。周晓红：《中国中产阶级调查》，社会科学文献出版社2005年版。李春玲：《中产阶级的消费水平和消费方式》，《广东社会科学》2011年第4期。王建平：《中国城市中间阶层消费行为》，中国大百科全书出版社2007年版。朱迪：《混合研究方法的方法论、研究策略及应用——以消费模式研究为例》，《社会学研究》2012年第4期。

② 布尔迪厄在分析不同阶层的消费取向时，将文化资本、消费品位与消费品表征的传统与现代等时代特征结合在一起论述。[法]皮埃尔·布尔迪厄：《区分：判断力的社会批判》，刘晖译，商务印书馆2015年版，第300—350页。

义的满足感，以使收入效用最大化。①

本书使用中国社会科学院社会学研究所 2013 年调查得到的 CSS。该数据采用随机抽样法在全国采集了 10206 个案例资料，其中男性占 50.77%，女性占 49.23%。在样本的地区分布上，东北地区、华北地区、华东地区、华中地区、西南地区、西北地区分别占 8.04%、12.08%、28.35%、29.47%、14.75% 和 7.32%。问卷详细询问了每一案例的阶层归属、收入与消费情况，对被访家庭的饮食、衣着、水电、房租、赡养，以及红白喜事、教育、旅游、卫生、娱乐、家用电器、房屋按揭、通信、交通等支出等进行了区分登录，研究者可据此分析被访对象的消费结构。

本研究以货币化的消费支出为分析对象，考察不同阶层的实际购买消费能力。通过平均消费倾向的分析展示消费与收入的关系，通过边际消费倾向的分析展示收入增长对消费增长可能带来的弹性变化，从阶层分析的视角提出政策性建议。下面对主要变量进行具体说明。

第一，在操作性概念中，以被访者的阶层代表家庭的阶层。有研究认为个人的阶层并不能代表家庭的阶层，但质疑者提不出替代方案。同时，有更多研究发现，父亲的阶层地位对子女的阶层地位有正向的影响，丈夫的阶层地位与妻子的阶层地位高度正相关。② 本书以被访者的财产占有状况是否属于业主阶层、工作岗位的技术需要程度、工作中的权力支配关系等为标准，将阶层变量分类为业主阶层、新中产阶层、老中产阶层、工人阶层与农民阶层。

这里的阶层建构与赖特的阶层框架设计有相似之处，但也有所区别。③ 比如说，因土地占有方式的差异，中国的农民阶层与西方语境

---

① ［美］加里·S. 贝克尔：《家庭经济分析》，彭松建译，华夏出版社 1987 年版，第 9—10 页。
② 张翼：《中国阶层内婚制的延续》，《中国人口科学》2003 年第 4 期。
③ ［美］埃里克·奥林·赖特：《后工业社会中的阶级——阶级分析的比较研究》，陈心想等译，辽宁教育出版社 2004 年版，第 76—92 页。

中的农民阶层存在某种程度的区别。在赖特的框架中，农民阶层更像是农场主阶层，占有土地并雇佣农业工人（farmer workers）耕作。但中国的农民却更像自耕农——在村民小组内以相对均等的承包地、以家庭为单位自我安排生产与再生产。所以，在美国的社会语境中，"农民"（farmer）是相对富裕的人，而农业工人则收入较低。正因为如此，需要将操作性概念区别如下。

业主阶层指拥有产业并雇佣他人劳动的阶层。[①] 赖特更加看重雇佣人数的多寡。但在 CSS 问卷调查中，整个业主阶层的人数相对较少，所以这里不区别大业主阶层和小业主阶层，而将其统一合并为业主阶层。中产阶层又可分为新中产阶层和老中产阶层。在学理上，之所以将中产阶层区分为新中产阶层和老中产阶层，是因为这两个阶层不仅存在阶层内部的收入差距，而且还在家庭出身、受教育程度、生产劳动组织方式等方面存在很大区别。

工人阶层指受雇于各类企业的蓝领劳动者。这一阶层既包括半技术半体力劳动阶层，也包括主要依靠体力挣取工资的劳动阶层。

农民阶层指以农林牧渔业为业的种植农、养殖农和渔民，即主要以家庭联产承包责任制为制度基础形成的农业、牧业、渔业从业人员。如果被访者属于农业雇佣工人，在分析中将其并入工人阶层如果是农场主，则将其并入业主阶层。

第二，在消费中，将家庭人均饮食、衣着、水电、住房、医疗、赡养及红白喜事等支出定义为家庭成员用于满足基本需求的消费，即生存性消费。将家庭人均教育、旅游、娱乐、家电、通信、交通等开支定义为满足自身及家庭成员未来发展需要的消费，即发展性消费。如果不计消费品的品牌，而从支出结构这一维度去考量生活质量的改善问题时，教育、旅游、娱乐、家电、通信、交通等消费无疑具有更积极的预示发展的意义。一个家庭一般会先支出生存性消费，再考虑

[①] 赖特将业主阶层区分为雇佣了 10 人及以上的阶层与雇佣了 10 人以下的阶层。

发展性消费。应该指出的是，住房消费既存在生存性消费支出，也存在为投资而购买的发展性消费支出。但问卷调查中没有区别这一点，故难以做出更为细致的判断并对数据进行分类计算，这一问题将留待随后调查加以改进。

本研究将消费定义为平均消费倾向和边际消费倾向。平均消费倾向指一个家庭的当期支出占当期收入的比率，边际消费倾向指一个家庭当期消费支出与家庭当期收入的弹性变化状况。[1] 分析时，先用绝对收入假说模型分析各阶层的平均消费倾向和边际消费倾向，然后在控制家庭其他相关变量的情况下，分析各阶层在生存性和发展性消费方面的边际消费倾向。

二 各阶层平均消费倾向和边际消费倾向

消费受收入结构的影响。人们的收入会通过家庭进行再分配，那些收入较高的家庭成员，会在利他主义原则下，将自己收入的一部分或全部贡献给无收入或收入较低的其他家庭成员。[2] 所以，家庭人均消费的额度在消费研究中起着非常重要的作用。消费者可按照自己的偏好购买商品的款式，但必须在家庭人均收入的限制下完成当期的消费支付。[3] 在这一维度上，阶层消费分析具有了市场购买意义的约束力。将各阶层区别为业主阶层、新中产阶层、老中产阶层、工人阶层和农民阶层后，从表1中可以发现，在劳动力总人口中，业主阶层占4.67%，新中产阶层占12.98%，老中产阶层占13.92%，工人阶层占33.60%，农民阶层占34.83%。由此可见，经过改革开放以来40多年的发展，中国社会结构的轴心——阶级阶层结构已经发生了重大转型，

---

[1] 根据凯恩斯绝对收入假说，Ct = a + bIt + Ut，其中 Ct 为一个家庭在 t 期的消费，a 为截距，It 为家庭在 t 期的收入，b 为边际消费倾向。

[2] [美]加里·S. 贝克尔：《家庭经济分析》，彭松建译，华夏出版社1987年版，第195—203页。

[3] 在数据处理中，如果个人以独居的方式生活，则将其视为单个人的家庭。

从农民阶层为主的社会转变为中产阶层、工人阶层和农民阶层占比大体相当的社会。如果将新中产阶层和老中产阶层合并,将业主阶层也并入中产阶层中,则中产及以上阶层、工人阶层和农民阶层人口各占劳动力总人口比重的1/3左右。① 中国社会阶层结构的这一变化结果,是理解当前所有社会政策配置的基础。

表1　　　　　　　各阶层的人口结构与消费倾向初始模型

	各阶层人数占劳动参与人口的比重(%)	各阶层家庭平均消费倾向(%)	各阶层家庭边际消费倾向
业主阶层	4.67	44.47	0.177***
新中产阶层	12.98	76.23	0.471***
老中产阶层	13.92	83.24	0.513***
工人阶层	33.60	83.94	0.395***
农民阶层	34.83	101.53	0.315***

注:(1)因家庭阶层地位由户主阶层地位所代表,在计算各阶层人数占比时忽略了家庭人口的多寡这一因素;(2)*** $p<0.001$。

无疑,中国社会阶层结构的变化强化了社会转型的趋势,一方面体现出强烈的工人化趋势,另外一方面也显示出明确的中产化趋势。可以说,中国处于有史以来工人阶层占比最高的时期,也是中产阶层增速最快的时期。将来,伴随着农业现代化的推进、土地流转速率的加快,以及高等教育招生数量的攀升,农民阶层的人数还会继续缩小,其占劳动力总人口的比重还会继续下降。在特大城市与大城市后工业化特征的不断凸显中,工人阶层的数量在达到一定程度后会处于"徘徊"状态,即工人阶层占劳动力人口的比重会失去迅速增长的动力。

---

① 劳动参与人口不同于劳动力人口。在人口学中,一般将15—60岁之间的人口或15—64岁之间的人口称为劳动力人口。但劳动力人口并不一定完全参与到实际的劳动力市场之中。劳动参与人口指实际参与到劳动力市场中的人口。在CSS调查中,只记录了访问员访问时参与到劳动力市场并获得收入的被访者的职业与收入等信息。所以,这里专门做出区分。

一旦工业化完成，工人阶层会维持原有规模。老中产阶层的数量会与受儒家文化影响的东亚国家和地区一样，在占据一定数量后渐趋稳定。唯有新中产阶层的数量还会不断增长，其占劳动力人口的比重会继续攀升。与其他市场经济国家一样，业主阶层占劳动力人口的比重都不可能太大。①

中国未来的消费市场会在新中产阶层力量的逐渐壮大中继续转型，但这一转型是渐进的。伴随中国经济体量的增大，依靠投资强力拉动增长的模式将逐步式微。伴随中国与国际市场关系的深化、国际贸易争端的频发，利用外需助力发展的波动性也会日渐明显。在这种情况下，国内消费的作用将比以往任何时候都更加重要。

中国社会阶层结构的分化伴随着收入差距的拉大而展开。虽然近几年来，国家统计局公布的基尼系数趋于缩小，但截至2015年年末，还仍高达0.462②，这意味着中国属于收入差距较大的国家。由收入所决定的平均消费倾向也显示了这种差距的影响。从表1中可知，业主阶层的平均消费倾向为44.47%，新中产阶层为76.23%，老中产阶层为83.24%，工人阶层为83.94%，农民阶层为101.53%。农民阶层的平均消费倾向之所以超过100%，原因在于对某些最贫困的家庭而言，即使没有当期收入，也必须支出一定金额以维持基本生活所需。在这里，凯恩斯所论述的平均消费倾向的递减规律清晰地呈现出来——伴随着收入的提高，平均消费倾向会趋于降低。收入较高的人，比如业主阶层只会将少部分收入用于当期消费，其他部分会用于储蓄或投资。收入较低阶层必须将当前的大多数或全部收入花费掉以供所需，维持与社会发展同步所必需的消费标准。

---

① 根据现有调查数据，在东亚各国，业主阶层或雇主阶层在劳动参与人口中所占比重稍高一些，但在西方各国，这个阶层人口占整个劳动参与人口的比重稍低一些。
② 李晓喻：《中国基尼系数"七连降"贫富差距继续缩小》，http//www.gov.cn/zhengce/2016-01/20/content_ 5034573.htm。

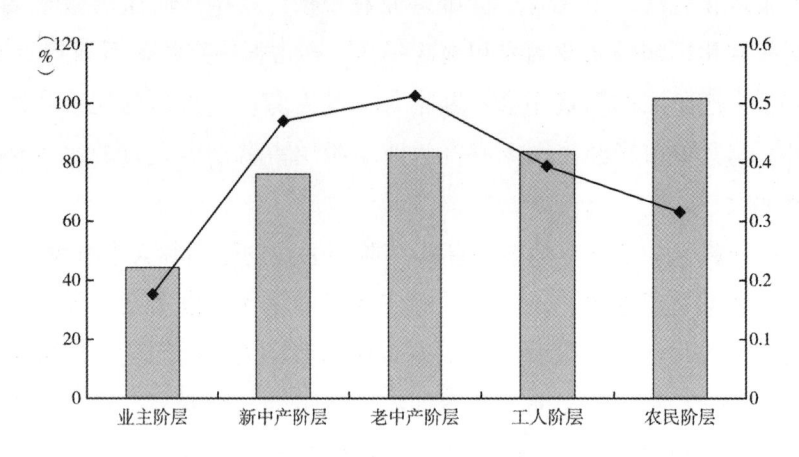

图 1 各阶层的平均消费倾向和边际消费倾向
曲线表示边际消费倾向（2013 年）

注：柱形表示平均消费倾向，折线表示边际消费倾向。

不同阶层家庭的边际消费倾向并没有伴随阶层地位的提高而趋于降低，而呈现出中产阶层高、业主阶层与农民阶层低的态势，如图1所示。即在收入增加过程中，有些阶层的消费弹性比较大，有些阶层的消费弹性比较小。从数据中可以看出，业主阶层和农民阶层消费弹性相对较低，新中产阶层、老中产阶层和工人阶层相对较高。上述数据所呈现的态势具有重要的政策含义，试分析如下。

第一，要以内需刺激经济增长，必须首先提高较低地位阶层的收入水平。虽然处于较高地位阶层家庭的人均消费额度会高于较低地位阶层家庭的人均消费额度，即上层阶层消费者会消费更高的人均净值，但其人口少、平均消费倾向比较低。这部分人的消费在达到一定程度时，会难以继续创造有效需求。在收入差距较大时，因全社会收入中业主阶层占据较大比重，下层会因为缺钱而"消费不足"、上层则会因为"消费饱和"而失去消费冲动。当国内市场的消费品不能满足上层阶层之需时，海外旅游与海外购物包括网络邮购就会成为这一阶层的选择偏好，他们会将在国内市场不能获得的满足感释放在国际市场上,形成"需求外溢"。这种将内需转化为外需的行为对全球市场的刺激很明显,但对国内市场的刺激则可能是负面的。要避免上层阶层将可能的内需转化为外需,就需要加强国内商品的品牌竞争力,在供给侧增加上层选择的可替代性。如果国内的消费品品牌价值或服务品牌价值及其竞争力难以快速提升,则上层阶层的海外购买偏好就不可能在短期内改变,这反过来会影响内需刺激政策的效果。

从平均消费倾向的数据看,新中产阶层、老中产阶层、工人阶层和农民阶层都显示了较高的消费积极性,但农民阶层、工人阶层和老中产阶层的消费潜力更大。这三个阶层的人数达全部就业参与人口的80%多(见表1)。他们收入的增加,不仅会提升全社会的需求能力,还会在更大程度上改善全社会的生活水平。从长远来看,提升较低阶层的收入水平,更能刺激内需的增长,但提升农民阶层、工人阶层和老中产阶层收入的过程是漫长的。一个社会的收入结构一旦形成,或分配机制一旦固化,调整起来就非常艰难。此外,在企业的整体管理能力与技术含量不高时,单纯提升人工成本的做法,还会影响其国际竞争力。所谓中等收入陷阱,就是一个社会进入中等收入阶段后,人工成本的上升速度超过了科技创新所带来的劳动生产率的上升速度,使得企业竞争力无法继续提升的陷阱。所以,不管是农民阶层、工人阶层,还是老中产阶层,其收入的提升需要与劳动生产率的提升同步。消费结构的变化依赖于收入结构的变化;收入结构的变化,依赖于产业技术结构的变化;而产业结构的变化,又依赖于市场结构与技术创新的速率。

第二,边际消费倾向的"倒U"形特征[①],不仅证明业主阶层收入的提高难以刺激消费的弹性增长,而且说明农民阶层的收入增长可能只会提升部分商品和服务的消费弹性。只有新中产阶层、

---

① 将收入水平分为不同等分时,有些研究显示出"倒U"形特征,有些研究显示出"马鞍形"特征。参见杨天宇、朱诗娥:《我国居民收入水平与边际消费倾向之间"倒U"形关系研究》,《中国人民大学学报》,2007年第3期。

老中产阶层、工人阶层的消费弹性比较大。其中，老中产阶层的边际消费倾向最强，原因在于老中产阶层已具有一定程度的生产资料，可以比较稳定地维持既有生活。此外，这个阶层中的一部分人来源于城镇化过程中的失地农民。那些在城市安置了一片店面而形成自雇状态的、由农民市民化而来的人在短期内具有较强的置业与消费冲动。

为什么农民阶层的平均消费倾向很高，但边际消费倾向则较低？一个可能的原因是农民阶层还存在自给自足的成分，比如很大一部分农民的蔬菜、粮食以及部分水果等是自己生产和自己消费的，未发生商品化买卖过程。另外，其对社会服务类商品的消费则少之又少。[①] 医疗保险和养老保险的广覆盖、低保障模式，还迫使他们自己不得不为自己准备未来的"保险"。到现在为止，农村居民养老保险的给付额远远低于城镇企业职工养老保险的给付额。农村的医疗保险——新农合，虽然有很大程度的完善，但报销额度与收费结构还存在很多问题。在很多承保医院，不能报销的药物的使用比例比较高，不能报销的检查费还占据相当大的比重。这些因素在很大程度上限制了农民阶层的消费能力。在中西部偏远的农村地区，节衣缩食现象还很突出。按照中国传统文化，农村老人需要依靠自己的子女养老，但人口流动已将成年子女拉入城市或周边的城镇。成年子女进入城镇或城市后的置业消费通常数额较大，使他们很难再通过收入的转移比较有力地支持父母的老年生活。这就使得农村人口的老龄化、老龄人口的空巢化、村庄的空洞化以及村庄社会公共物品与服务的稀缺化同时发生。一方面，老年农民希望存钱以供生活不能自理时所需；另一方面，村庄的公共物品与服务日渐向城镇和县城集中，降低了农村人口消费的可及性，这会限制和约束农民阶层的当前消费需求。

新中产阶层具有更高的人力资本和文化资本，也有着较为固定的

[①] 在农村的空心化过程中，教育、医疗卫生、养老、商业网点等正在逐步从偏远地区撤离并向乡镇和县城集中，这使农村各类服务的供给侧出现了结构性短缺。这个问题在山区及其他交通不方便的农村地区表现得更为突出。

收入与社会保险,他们的消费能力更强,这决定了其边际消费倾向较高。这个阶层的消费大体摆脱了对使用价值的简单追求,在全球化浪潮中,他们更关注消费的符号价值。可以说,后工业社会特征的逐渐凸显,还会继续强化新中产阶层对消费品符号价值的喜好。当消费品的使用价值退居其次,其表征价值上升到较高地位时,厂商对消费者的竞争,抑或全球厂商对消费者的竞争,就会在阶层分化的市场中富有针对性地展开。

在新中产阶层迅速成长、老中产阶层维持一定规模、工人阶层壮大到一定程度而农民阶层趋于缩小的阶层分化格局中,伴随着整个社会"中高收入阶段特征"的强化,中国更需重视消费品的阶层消费针对性,在与国际厂商、国际品牌的竞争中培养自己的消费群体。如果中国厂商的市场瞄准人群不够细化,就不可能增强自身的竞争力。

三 不同阶层生存性和发展性消费的边际消费倾向

生存性消费占比较大时,人们处于生存型消费状态。发展性消费占比较大时,人们处于发展型消费状态。显而易见,一个阶层发展性消费的边际消费倾向越高,其生活质量的提升趋势就越显著。

通过表2可以看出,在生存性消费扩展模型中,农民阶层、工人阶层和老中产阶层的边际消费倾向较高,分别达到0.249、0.241和0.302,新中产阶层在生存性支出方面的边际消费倾向则只有0.168。业主阶层在生存性开支方面的边际消费倾向很低,只有0.002,且并不显著。由此可见,在当前中国社会,农民阶层和工人阶层的主要消费需求仍集中于对生存性需求的满足。受收入约束的影响,这两个阶层会将更多的支出花费在衣、食、住,以及日常的水电、医疗、对老人的赡养和红白喜事等方面。

对农村来说,红白喜事的开支是一个绕不开的必要花销。在熟人社会，人际关系的维护、朋友之间的来往、亲缘家庭之间的支持等，都需要通过固定的仪式性事件加以维护。农民之所以可以节俭当期消费的其他项目，但却难以消减人情开支，其主要原因在于，在差序格局中，根据血缘关系、姻缘关系和朋友关系的亲密程度，不同的人会为亲友/朋友拿出一个大体上"说得过去"的人情金额[①]，以满足人情交换所需，这在某种程度上刺激了红白喜事等方面的支出，但却为人们织结了一个相对安全的社会支持网——在其处于某种困境时，可以获得乡邻的帮助。另外，伴随着耕地价值的攀升与新农村建设速率的加快，农民花费在住房方面的投资也大幅上升。从土木结构到砖石结构再到钢筋混凝土结构的住房的变化，从平层院落结构到多层楼房结构的转型，显示了社会整体意义上的进步。但对那些贫困家庭来说，如果其院落与住房"跟不上形势"翻新，会在村落中形成"对比性压力"，这与"夸富宴"的功能大体一致。最近几年，各级政府配套的乡村道路硬化与危房改造费用，也对农村村落的整治和房屋的修建起了"诱致性"作用。花费在老人身上的医疗费与赡养费，也是农民阶层的一个主要开支。尽管新农合已在很大程度上增强了农民使用医疗资源的能力与机会，但农民信得过的医院却主要集中在县城与地方中心城市。在这种情况下，一个病人住院治疗，就得有好几个人随同轮流护理。于是不得不产生一些药品外的开销，比如护理者居住在县城或中小城市的旅馆的费用、购买食品的花销等，在一定程度上加大了农民阶层的负担。这种约束性结构在很大程度上限制了农民阶层发展性消费的边际消费倾向，从表 2 中可知，这一数值只有 0.096。

[①] 很多地方号召要移风易俗，婚事和丧事简办，但难以收效。一个重要原因在于传统亲缘人际关系网络仍具有很强的社会支持力。即使在现代化程度较高的城市社区，如果人们居住的熟人环境仍然存在，则维持这种关系网络的消费就不可避免。

表2　　各阶层生存性与发展性消费的边际消费倾向扩展模型

生存性消费

	农民阶层	工人阶层	老中产阶层	新中产阶层	业主阶层
常量	3144.867***	3092.476***	4892.054***	3233.185***	7155.003*
人均家庭收入	0.249***	0.241***	0.302***	0.168***	0.002
家庭居住区域城镇=1	215.516	1280.117***	-459.356	1638.880	2221.005
家庭人均存款债权等	-0.016	0.041***	-0.030	0.020***	0.078***
家庭人均受教育年数	246.553	995.813***	64.349	357.643**	230.585
家庭人均耐用消费品藏品等现值	0.039**	0.056***	0.017	0.000	0.061***
家庭人均生产经营资产现值	0.001	0.018***	0.000	-0.005	-0.002
N	1830	1562	688	584	195
Adj R²	0.130	0.292	0.248	0.273	0.552

发展性消费

	农民阶层	工人阶层	老中产阶层	新中产阶层	业主阶层
常量	370.617	-955.624	-765.375	-4255.860	-7965.284
人均家庭收入	0.096***	0.146***	0.204***	0.257***	0.002
家庭居住区域城镇=1	97.827	430.309	-609.307	4847.203	2891.371
家庭人均存款债权等	-.033	-.012	.017	-.029	0.073**
家庭人均受教育年数	364.917*	873.236**	822.760	1564.047	4921.152
家庭人均耐用消费品藏品等现值	0.168***	0.236***	0.144***	0.054*	0.278**
家庭人均生产经营资产现值	0.043***	0.047***	.000	.005	-.003
N	1872	1612	710	598	200
Adj R²	0.092	0.236	0.225	0.098	0.231

注　1. 在绝对收入假说的扩展模型中，控制了家庭居住区域、家庭人均存款债权、家庭人均受教育年数、家庭人均耐用消费品藏品等现值、家庭人均生产经营资产现值等；2. *p<0.05，**p<0.01，***p<0.001。

工人阶层是一个生活水平正在提升的阶层。这一阶层的大部分成员来自农民工，也有少数国企工人。① 国企工人的收入是稳定的，且会随着当地物价水平的变化得到"调资"政策的保护。近期城镇职工养老保险连续 11 年，以每年 10% 的速率提升②，增加了受惠企业工人未来生活的"保险性"，逐渐提升了他们的消费信心，推动了其生活质量的提升。但国企工人毕竟数量有限。经由农民工转化而来的产业工人，在市场波动中虽增加了收入，名义工资有了提升，但在城镇的生活成本却伴随着房租的上涨和食品价格的攀升而加大了。青年农民工要结婚，对男性而言，如果在家乡的县城没有住房，就难以娶进媳妇。城市房价推高在一定程度上掏空了购买者的家庭积蓄，压缩了购买者家庭在其他方面的消费能力。一个农民工或一个农民工家庭的全部劳动力，需要积攒多年的打工收入，才能达到"首付"额度。而完成首付之后的按揭，则会长期挤压当期消费。因生存性消费必须维持在一定的标准，所以，用于进一步改善与提升生活质量的发展性消费就很难得到满足。需要强调的是，由农民工转化来的工人阶层因没有户口而不能融入当地城市，其消费需求还很难完全释放。他们徘徊于不同的城市之间，缺少居留的确定性心理，往往不得不关注生存性消费，而难以追求发展性消费。其家庭的留守性与分离性并存的特征，也抑制了家庭作为一个整体而产生的消费动力。在模型中，工人阶层的边际消费倾向虽高于农民阶层，但却低于老中产阶层和新中产阶层，仅为 0.146。

老中产阶层是以自雇方式维持生计的阶层，其中的绝大多数属于改革开放以来发展出的个体户等小本自雇经营者。还有一部分积累了少量资金的农民工，在城市或家乡的城镇开店创业，成为

---

① 在 20 世纪 90 年代末期与 21 世纪最初几年的企业改制中，集体企业的数量已越来越少。在地级城市层面，国有企业的数量已不多。绝大多数集体企业工人或转制到私营企业，或在买断工龄后退休。但在国有企业的改革过程中，原来曾经提倡的"减人增效"，在很大程度上转变为"换人增效"，即通过对"职工的农民工化"，一定程度上降低了人工成本。亦即所谓"老人老办法，新人新办法"。

② 2016 年城镇企业职工养老保险的增加额为 6.5%，参见中华人民共和国人力资源和社会保障部，2016。

开夫妻店的个体经营人员，城镇或城市的老龄化过程为他们提供了就业空间。有些失地农民也因获得了拆迁补偿的"底商"而加入到这类低端服务业中。因为处于服务业的低端，且处于阶层内部的密集竞争状态，他们的收入相对有限。但这一阶层的家庭成员可以团聚在一起，故其生存性消费的边际消费倾向最高，也有发展性消费的冲动，他们的发展性消费的边际消费倾向仅低于新中产阶层，达到 0.204。

新中产阶层是一个迅速提升了生活水平的阶层。他们接受过大专及以上的教育，在收入上高于农民阶层、工人阶层和老中产阶层，在工作上属于白领劳动者。这一阶层的新进入者往往会因为需要在就业城市购置房屋而心存压力，但当其完成这一消费过程之后，则会逐渐突破生存性消费的约束。从总体上看，其生存性消费的边际消费倾向比较低，而发展性消费的边际消费倾向却最高。所以，中国当前的消费升级与消费的个性化趋势，显著地体现在这个阶层身上。他们深明人力资本的含义，舍得在教育上投资，更愿意花钱供子女出国留学。他们极其重视身心健康，已成为美容和保健消费的主力。他们了解商品的特殊符号含义，追求品牌的市场价值。他们在电器革命过程中，已经更换过好几代家用电器。他们也是轿车消费的主力军，逐渐使中国成为"轮子上"的国家，并拉动了自驾游，活跃了旅游经济。他们也开启了周末的消费市场，繁荣了城市宾馆、餐饮与郊区乡村的"农家乐"。正因为如此，他们在发展性消费方面的边际消费倾向才达到了 0.257，是所有阶层中弹性最高的。

但令人意外的是，模型中业主阶层既没有显示出生存性消费的显著性，也没有显示出发展性消费的显著性。为什么理论上应该比较富裕的业主阶层，在消费支出的弹性上，尤其在控制家庭人均生产性固定资产等变量后的边际消费倾向会失去统计显著意义。原初的设想是，雇佣他人劳动的业主阶层，在平均意义上收入居于社会的最上层，应该更多地追求发展性消费，由此也应该在模型中显示出较高的发展性消费弹性。但数据处理结果却有违初衷。原因何在？可能的解释是，一方面业主阶层的部分发展性消费被计入了企业的成本，这也是业主阶层惯常的做法，比如某些家用电器、汽车、以企业名义购买的改善型住房等[①]，可以计入企业固定资产。另一方面，业主本人及家庭成员的出国旅游费用、教育培训费用、娱乐费用、通信与交通费用等也可以变相计入企业日常经营性支出。对于某些家族化的小业主阶层来说，家庭生活成本与企业经营成本混在一起。因此，统计数据的不显著并不一定表示这个阶层在发展性消费方面存在保守性。

可以看出，当前中国社会结构的轴心——阶层结构的变化，导致了消费市场的显著分化。农民阶层和工人阶层生存性消费的边际弹性较大，老中产阶层既有较强的生存性消费弹性，也有较强的发展性消费冲动。新中产阶层已将主要消费动力转移到发展性消费方面。业主阶层这一新富阶层的消费可能已超越了发展性消费阶段，而达到了较高的享乐型阶段，将主要消费目标设定在某些特殊的服务类商品上享乐消费也应属于发展性消费。虽然媒体经常报道业主阶层的炫富案例，但 2013 年 CSS 数据没有涉及这方面的信息，故难以进一步分析。

各阶层在生存性和发展性消费方面的边际消费倾向，一方面有利于政府制定具有针对性的消费刺激政策，另一方面有助于市场瞄准各阶层对改善当前生活质量的诉求现状，从而做出供给侧改革的尝试，因此具有极强的政策含义。

第一，农民阶层和工人阶层是生存性消费的主要启动力量，老中产阶层是生存性消费和发展性消费的主要动力。随着经济的增长与社会的发展，这三个阶层已在一定程度上提升了消费水平，改善了生活条件。中国人的预期寿命之所以能够提升到 75 岁左右[②]，原因在于改革开放提升了全民的生活质量。但时代的进步也将整个社会的贫困线与平均生活水平提升到了新的高度。能够吃饱、穿暖、看电视，甚至

---

① 即使在北上广深这些大城市，政府对以企业名义购买的房屋也不限购。
② 根据第六次全国人口普查详细汇总资料计算，2010 年我国人口平均预期寿命达到 74.83 岁，比 10 年前提高了 3.43 岁，参见新华社，2012。

农民阶层家庭的厨房开始装备煤气与电磁炉等,是经济发展与社会进步等赋予的基本生活条件。随着土地的流转与村落住房的楼阁化,农民阶层的生存性消费还会继续扩张。在2009年的"家电下乡"[①]和"汽车下乡"[②]之后,可以继续引导农民阶层深化生存性消费。工人阶层在完成了家用电器"以旧换新"的消费革命后,在家庭装修方面也可以启动新一轮的消费刺激。新的收入水平会产生新的需求,而新需求层次的提升,会进一步增强对消费品质量与安全程度的关注,这也会从需求端刺激供给侧的结构性改革。

当然,中国社会结构的变化,会使人们的食物消费结构发生重大转型。从以粮食为主的消费向粮食和肉禽蛋奶糖菜等结合的消费转变,从依靠化肥和农药生产的食品消费向卫生、环保、安全的食品消费转变,从医疗保健服务水平较低的阶段向医疗保健服务水平较高的阶段转变。新中产阶层与业主阶层正在或已经发生了这样的转变,农民阶层、工人阶层也比以往任何时候都开始关心食品安全和食品营养。总体而言,农民阶层、工人阶层、老中产阶层等在奶类、肉类、糖类、茶类的消费方面,还与新中产阶层和业主阶层等存在很大差距。在老龄化过程中,老年人的医疗护理需求等也应该是生存性消费的重要领域。有关这方面的需求,不用刺激也存在刚需空间,就看供给侧能不能有阶层针对性地完成供给过程。现在各地电视、广播电台等媒体广告的一项重要内容就是向老年人推销医疗保健产品,但真实、有效、安全的药物与保健产品却很有限,这给了投机钻营的药贩很大的盈利空间。只要看看城市老年人家里堆积的名目繁多的保健品,就可以发

---

① 从2007年12月起,"家电下乡"开始在山东、河南、四川及青岛三省一市试点。农民购买补贴范围内的家电产品,可获得13%的财政补贴。从2009年2月开始,这一政策在全国范围内推行。后来,财政部、商务部、工业和信息化部发布了《关于家电下乡政策到期后停止执行等有关问题的通知》,"家电下乡"政策于2013年1月31日结束。

② 根据国务院2009年1月14日公布的《汽车产业调整和振兴规划》,在2009年3月1日至12月31日,对购买1.3升及以下排量的微型客车,同时对将三轮汽车或低速货车报废换购轻型载货车的,给予一次性财政补贴。2010年初,又将"汽车下乡"政策延长到2010年12月31日。

现问题所在。① 所以，生存性消费的结构性改善，在某种程度上也具有"消费发展"的引导意义，也应该是供给侧改革的题中之义。但充斥于集市低端市场的价低质次、粗制滥造、蒙蔽欺骗的商品，却严重损害了农民阶层、工人阶层和老中产阶层的消费权益。因此，中国的生存性消费市场，也在需求结构与供给结构之间存在重大的错位与矛盾。

第二，新中产阶层和业主阶层是发展性消费的主力。不管是在大城市还是在中小城市，他们都带动了消费品的升级换代。在新中产阶层与业主阶层迅速提高发展性消费的过程中，因市场供给的产品质量、服务质量与个性化特征远远满足不了这两个阶层的需求，存在结构性短缺，所以外资产品在中国的销售才获得了长足的发展。大到名牌轿车市场，小到非常个性化的照相机、手机与手包，以及化妆品市场，外资都占据了很大份额。国内企业现在面临的主要矛盾，是中产阶层崛起所产生的巨大消费动能以及业主阶层扩张的消费欲望与发展性消费产品短缺之间的矛盾。从 2015 年的手机消费可以看出，尽管经济下行趋势明显，但苹果手机所开发的产品——iPhone 6s 和 iPhone 6s Plus 却在几天内就被预订一空。在使用价值退居其次，符号价值、广告导引、市场话语霸权的影响下，整个社会的消费都会在竞争中日趋激烈。此外，发展性消费中的教育、保健、养生、娱乐与旅游等市场，还有待深度开发。那些开发得比较好的地方，在交通的可及性与服务质量的保障性方面还很欠缺。如何提高整个社会的生产与工作效率，缩短人们的工作时间，增加节假日与周末的"有闲供给"，也应是启动消费升级的必要政策内容。从出国购物热潮的转向，从名牌奢侈品逐渐波及日用品和常用药物趋势看，中国不是需求不足，而是需求与供给的错配影响了需求端的扩延。这个问题不解决，海外购物的从众趋势就不会逆转。

---

① 在市场监管缺位的情况下，恰恰是来路不明的各类"保健品"损害了老年人的健康，增加了医疗保险的压力。

四 结论

最近，消费对国民经济增长的拉动作用逐渐强化。这使投资驱动性增长转变为消费驱动性增长的预期更为强烈。[①] 但仔细分析就会发现，在全社会必须消费一定量产品才能维持发展的要件约束下，在促进 GDP 增长的因素中，主要因投资和出口的相对萎缩才使消费占比居高不下。在外需难以提振的大背景下，内需的作用还需要继续激励。消费升级既是经济与社会发展的结果，也是全社会各阶层提高生活质量的路径依赖。

改革开放以来，中国社会结构的重大变化在很大程度上提升了整个社会的消费水平，并由此改变了需求侧的内部结构，也使各个阶层焕发出了改善当前生活质量的消费欲望。但厂商供给的商品却仍然难以满足消费市场结构的内在变化，这在很大程度上抑制了全社会的需求，使其难以释放出现实拉力。供给侧结构性改革的目的在于弥合商品配置与需求转型之间的裂隙。各个阶层对发展性消费和生存性消费的不同诉求，会开拓出极其广阔的市场动力。但充斥于市场的低端商品，尤其是那些存在安全隐患、质低易损的商品，不仅违背了上层阶层的消费观念，而且还在很大程度上损害了下层阶层的消费权益。所以，只要供给侧结构性改革成功实现颠覆性创新，市场就会以需求侧结构的变化形成交易的积极回应。

综上，结合中国社会各阶层阶梯式改善消费结构的分析，通过对各阶层平均消费倾向和边际消费倾向、生存性消费和发展性消费的研究，可以得出以下结论。

第一，对中低阶层而言，收入提升是消费升级和生活质量改善的关键。从平均消费倾向可以看出，农民阶层、工人阶层和老中产阶层

[①] 国家统计局：《2014 年消费对 GDP 增长贡献率达 50.2%》，http//www.gx.xinhuanet.com/newscenter/2015 - 06/04/c_ 1115508040. htm。

最具消费潜力。他们迫切需要通过消费改善当前的生存性生活质量，但收入水平限制了这几个阶层的消费。在收入增速有限的情况下，对未来生活的预期越是"安稳"或"保险"，将越有助于消费，反之则难以释放消费活力。社会保障的"保险"功能还有待释放。在经济环境日趋复杂的背景下，任何简单化、口号化地提升下层阶层收入水平的提法，在短期内都难以落实。

所以，对于农民阶层来说，在国际粮价低于国内粮价的大背景下，受人均种植面积较小的约束，依靠粮食增产以提高收入的办法已渐趋式微。粮食直补、农资综合直补、良种补贴数额十分有限。通过转移支付建立的新农合和居民养老保险的制度红利，也已释放到尾声。在通货膨胀的影响下，这种低保障广覆盖的模式所起的"保险"作用越来越低。经济下行影响了中央财政增速的可持续性，这会在一定程度上弱化政府通过转移支付以支持下层阶层发展的政策运行能力。农民阶层收入的提高，只能依赖农业现代化。农民阶层平均年龄的提升所导致的老龄化，正日益威胁农业、农村和农民的可持续发展。如何继续提高劳动生产率、通过有益的土地流转、更大幅度缩小农民阶层的人口规模以提高人均种植面积，成为提升农民阶层收入的必由之路。而只有让农民或农业工人的收入高于或等于外出打工的收入时，年轻人才可能愿意回村种地，并借此保障自己的消费需求。

工人阶层的收入在过去十多年已有很大的增长。农民工通过"以脚投票"和"弱者的反抗"，改变了20世纪末期的劳资关系格局，改善了自己的劳动环境。但由于企业技术升级过慢、劳动过程的工艺水平与自动化水平较低，限制了其在国际市场的竞争力。依靠"三方谈判"机制继续提升收入的可能性受到企业利润摊薄的影响。因此，科技创新能力的提升速度，就成为工人阶层收入持续改善的前提条件。城市房价的居高不下，增加了工人阶层的按揭压力和租房压力，"为银行打工"成为整个社会普遍的抱怨。通货膨胀对收入较低阶层的消费约束力远远高于收入较高阶层。在这种情况下，如果不控制衣食住行等生存性消费的成本，工人阶层发展性消费的开支能力就释放不出来，他们就难以持续改善自身生活品质。在人口红利逐渐消失的过程中，劳动生产率的提升就成为工人阶层提升收入和消费水平的主要举措。

虽然老中产阶层既有生存性消费的冲动，也有扩展发展性消费的希望，但主要从事服务业的老中产阶层，其收入增长的空间逐渐收缩，经营的店面也在电商的冲击下门可罗雀。要转变为高端服务业，也难以获得银行贷款的支持。他们在低端服务业中的互相竞争，也收敛了利润。地方配置的鼓励创业的支持政策还没有完全落到实处。虽然他们很想将自己的营生做大做强，但残酷的市场竞争和经济的波动等压缩了其发展的空间。他们不可能像市场转型初期那样赢得"以小博大"的机会了。在这种情况下，其收入的提高既有赖于自身对市场的准确把握，也有赖于他们所提供的服务产品质量的提升。

第二，较高的阶层——新中产阶层和业主阶层已经基本超越了对生存性消费的诉求而开始追求发展性消费。他们的收入相对稳定，是技术升级与劳动生产率提升的最先受益者，他们抵抗社会风险的能力也强于下层阶层。这两个阶层在衣食住行等消费上会更看重消费品的内在价值。在发展性消费上，他们会更加追求高端服务业的品牌价值。在物质欲望的满足过程中，也会看重精神世界的满足程度，这会增强他们对文化产品的挑剔性。与高质量、个性化、凸显符号价值、具有民族特色的物质消费品的短缺相一致，高质量、有民族历史深度、具有较高艺术展现力的文学艺术、绘画艺术、电影、电视、话剧等文化产品，也处于短缺状态。整个社会呈现出一种矛盾状况。一方面是为新中产阶层所拒斥的粗制滥造的剧目的批量生产，以及收视率与上座率的持续低下，另一方面却是进口大片的高票房。在这种消费结构的供给格局中，要刺激新中产阶层和业主阶层的消费，就得解决这两个阶层消费品位的提升与民族产品产能供给差距的矛盾问题。另外，还需创新和开发与时代发展相适应的哲学社会科学等精神产品，以引导人们在现代化和后现代化过程中的世界观。如果物质供给的繁荣不能与精神世界的丰富相伴，上层阶层就易于演化出物欲横流的消费观，消解整个社会的发展价值。

第三，要区分生存性消费品和发展性消费品的生产和供给方式。农民阶层、工人阶层和老中产阶层的消费诉求主要集中在生存性需要的满足方面，所以，生存性商品的生产还可以延续类型化、批量式供给之路。毕竟收入较低阶层会将消费品的使用价值作为主要考量标准，这会继续维持生存性消费的模仿型排浪式特征。但新中产阶层和业主阶层的消费，却已过渡到特例化、多样化、代际化、档次化阶段，这就需要将生产工艺与信息技术结合，将消费品的生产与互联网结合，走私人化、定制化、特色化之路，逐渐从大批量生产阶段首先过渡到小批量定制阶段，再过渡到私人个性定制阶段。互联网、社交媒体与智能手机的普遍使用，能够使消费者在线追踪商品信息，也为该类消费的流行奠定了坚实基础。在服务业中，也需要创新以消费者为中心的市场供给，开发出类型多样的保健、教育、娱乐、旅游、养老、休闲、生态环境等产品，满足新中产阶层和业主阶层的品位定位。

事实上，从生存性消费向发展性消费转型，在发展性消费中从耐用消费品向服务类消费品转型，是一个必然的过程。比如说，在农民阶层的工人化过程中，一个社会对"服务"的消费量会迅速增加。在农民阶层和工人阶层向中产阶层的转化过程中，一个社会对"服务"的消费量会更为迅猛地增加。甚至于原本在家庭内部形成的生产和服务功能，小到打扫卫生与厨房劳动，大到照看孩子和老人等，也会转而依靠社会服务业的扩张而获得满足。与此同时，阶层的品位特征与符合化诉求冲动，不仅会为"商品"带来个人定制的需求空间，而且还会为"服务"创造出更为便捷的个人定制的供给结构。

第四，消费刺激政策尤其是某些优惠政策的出台，要在各阶层之间进行收益的公正性评估，让人民群众共享改革开放与时代发展成果。中国社会因收入不平等所造成的消费不平等，正在向纵深演化。发展的目的是什么，发展的结果是什么，对这两个问题的正确回答，会矫正刺激政策的收益分配方向。在各阶层间建立动态政策收益平衡机制，是当下需要仔细考虑的重要问题，也是国家治理体系和治理能力现代化建设的必由之路。

  本书采用阶层结构视角，从生存性消费和发展性消费的层级特征出发，研究了中国社会的消费问题。在理论上，有助于社会学站在家庭人均消费结构的角度思考社会分层与消费分层问题。在实践上，也可以从不同阶层消费升级的内在需求角度，发挥相关经济政策与社会政策的配置有效性。事实上，只有瞄准不同阶层家庭的消费层级及其升级的可能性设计刺激措施，才能在经济下行背景下，以有限的社会资源和经济资源激励出更大的消费市场，使供给侧结构性改革的效果尽可能快地传导到需求侧。

中等收入群体发展状况与
社会结构优化

中等收入群体规模和比例，是社会结构优化的信号。中等收入群体不仅是推动中国经济增长的"助推器"，也是维护社会稳定的"稳压器"，并对世界经济增长有积极推动意义。随着这个群体规模继续快速增长，社会结构进一步合理化，中等收入群体未来将为经济社会健康、可持续发展提供更有力支撑。中国高度重视扩大中等收入群体。近年来，全社会收入差距逐渐缩小，中等收入群体规模不断扩大，但迈向橄榄型分配结构仍有发力空间。而形成橄榄型分配格局，关键是让中等收入群体规模持续扩大。

自20世纪90年代初社会主义市场经济体制建设开启以来，中国社会结构发生了重大变化，其中最突出的表征是社会"中等收入群体"逐步发育成长。处于社会结构中间位置的这部分"中等收入群体"，既是改革开放后经济社会发展取得长足进步的重要体现，也是维系社会稳定，保持经济持续发展的"压舱石"。扩大中等收入群体，关系着全面建成小康社会目标的实现，是转方式调结构的必然要求，是维护社会和谐稳定、国家长治久安的必然要求。基于2013年中国综合调查（CGSS）、中国家庭追踪调查（CFPS）以及全国第六次人口普查等较具权威的全国性抽样调查数据，本研究评估了现阶段中国中等收入群体的规模，并分析了其基本特征及其背后所潜藏的一些隐患，在此基础上提出了相应的对策和建议。

一 中国中等收入群体的发展状况

与中产阶级、中间阶层等概念不同,中等收入群体是一个以收入为单一维度和测量标准的群体划分方式。从国际上通常使用的中等收入群体的划分标准来看,主要有绝对标准模式和相对标准模式两种。综合李春玲(2016)的研究表述,这两种测量模式,主要目的不同,适用范围也不同。绝对标准模式主要反映的是达到一定生活水平(或收入水平)的人数及比例的增长趋势,比较适合发展中国家和中低收入国家;相对标准模式是测量收入处于中间位置的人数比例增减情况,主要反映的是收入不平等的变化趋势。绝对标准模式是基于维持相应生活水平所需要的收入多少,来设定中等收入群体收入标准,其中被广泛采用的绝对标准模式以世界银行贫困线(日人均收入1.9美元)为参照系,提出日人均收入介于10—50美元或10—100美元的人为中等收入者。相对标准模式通常是根据收入分布的中位数来确定中等收入群体的收入标准,收入中位数的50%或75%为中等收入群体的收入下限,收入中位数的1.5倍或2倍为上限。[①]

基于中国社会现实以及本书的研究目的,采用的中等收入群体的划分方式是绝对标准模式。由于中国地区差距较大,因此划分中等收入群体的收入标准莫衷一是。但是,从全国层面上提出一个中等收入群体的范畴标准,对于整体上认识和把握中国社会的收入结构特征具有重要参照意义。因此,参照官方和学界划定中国中等收入群体的相关方法和标准,借鉴美、日、韩等其他已经形成橄榄型分配格局国家同等经济社会发展阶段的收入水平,在兼顾中国地区发展不均衡、收入差距较大等现实国情的基础上,本研究将人均年收入3.5万—12万元(或人均可支配收入2万—6.7万元)这一收入区间作为当前一段

---

① 李春玲:《中等收入标准需要精准界定》,《人民日报》2016年12月7日。

时期评估中国中等收入群体的基本依据。①

按照这一标准，基于中国综合调查和中国家庭追踪调查的抽样数据表明，2013 年中国中等收入群体约 3 亿，占全社会总人口的 21.9%。此外，高收入群体约 0.2 亿，占全社会人口的 2%；低收入群体 10.3 亿，占全社会总人口的 76.1%。整个社会的收入分布结构见图 1：

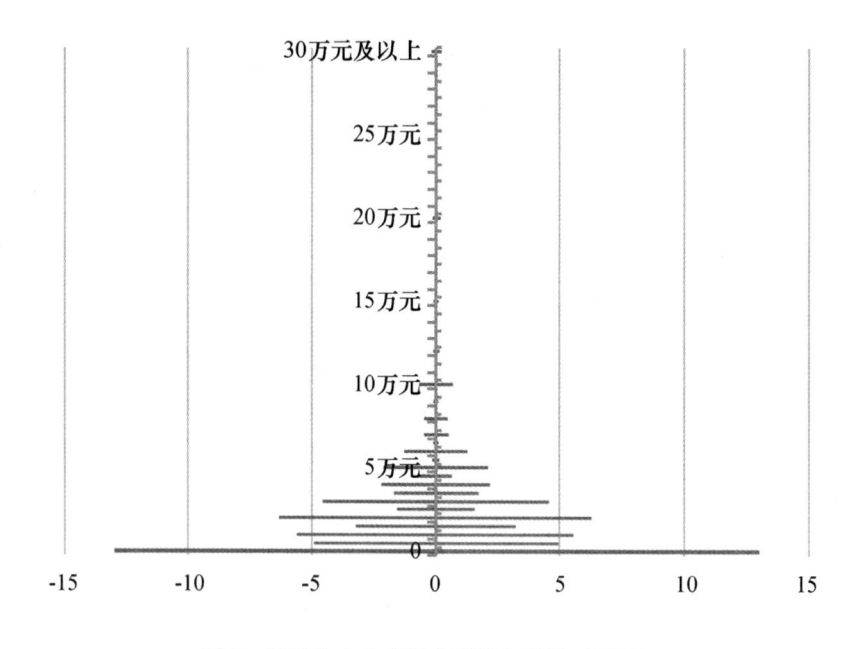

图1 基于收入分布的中国社会结构（2013）

此外，从过去这几年中国中等收入群体的增长速度来看，中国中等收入群体每年保持约 1% 的增长速度。如果按照这一增速推算，预计到 2035 年中国中等收入群体比重能达到 40%，初步实现党中央所提出的建成橄榄型分配格局的发展目标。

---

① 李强、徐玲：《怎样界定中等收入群体?》，《北京社会科学》2017 年第 7 期。

二 中国中等收入群体的基本结构特征

尽管从数量、规模及增速上看，中国中等收入群体在逐步成长和壮大。但是，从总体社会结构，既有中等收入群体的城乡分布、教育程度、行业和职业分布以及生活方式等衡量中等收入群体质量的维度上看，中国社会结构的现代化转型还面临着一些挑战，进一步壮大中等收入群体可能存在一些结构性瓶颈，这些不确定性突出表现在现阶段中国中等收入群体所呈现出来的基本特征上：

（一）从总体社会结构上看，中国中等收入群体比例尚小，在收入结构的底层累积了规模庞大的中等收入潜质层，他们集聚在中等收入界限的边缘，如果辅之以政策和制度扶持，即可在短期内顺利步入中等收入群体。据统计，在中等收入标准下限下方1万元区间（人均收入2.5万—3.5万元），中等收入潜质群体规模达到1.6亿人。如果这部分人的收入能提高到中等收入水平，那么中国中等收入群体将达到4.6亿人，占全社会人口的比重将提高到34%；而在中等收入标准下限的下方1.5万元区间里（人均年收入2万—3.5万元），中等收入群体潜质层的规模达到2.5亿人。根据李强等人（2015、2017）的研究，这些中等收入的潜质层主要包括技术工人、个体户、农民工等。如果这部分人的收入能提高到中等收入水平，那么中国中等收入群体的规模将达到5.5亿人，占全社会人口的比重将达到40%，如此，橄榄型社会的分配格局将初步形成。[①] 因此，如何从政策上扶持这些庞大的中等收入潜质层实现顺利过渡，是短期内迅速扩大中国中等收入群体规模的基本途径和重要着力点，也是国民经济社会发展政策制定过程中应当统筹规划的关键议题。

（二）从城乡地域分布上看，中国城乡中等收入群体比例差距较

---

① 李强：《中国中产社会形成的三条重要渠道》，《学习与探索》2015年第2期。李强、戈艳霞、郑路：《壮大中产阶层与大学生技能匹配问题研究》，《江苏行政学院学报》2017年第2期。

大,城市与乡村、大城市与中小城市之间的社会差距呈扩大趋势。如图 2 所示,2013 年中国城镇人口共 7.26 亿,其中中等收入群体规模约为 2.2 亿,占城镇总人口的 30.3%;农村人口约 7.7 亿,其中中等收入群体规模约 0.8 亿,占农村总人口的 13%。① 而在北京、上海、广州、深圳等特大城市,中等收入群体在 2010 年就已高达 41.48%,率先实现了"橄榄"型社会结构。也正因如此,全国各地人口源源不断往这些地方聚集以谋求生存和发展机会,以实现经济收入的增长、生活水平的提高和社会地位的提升。

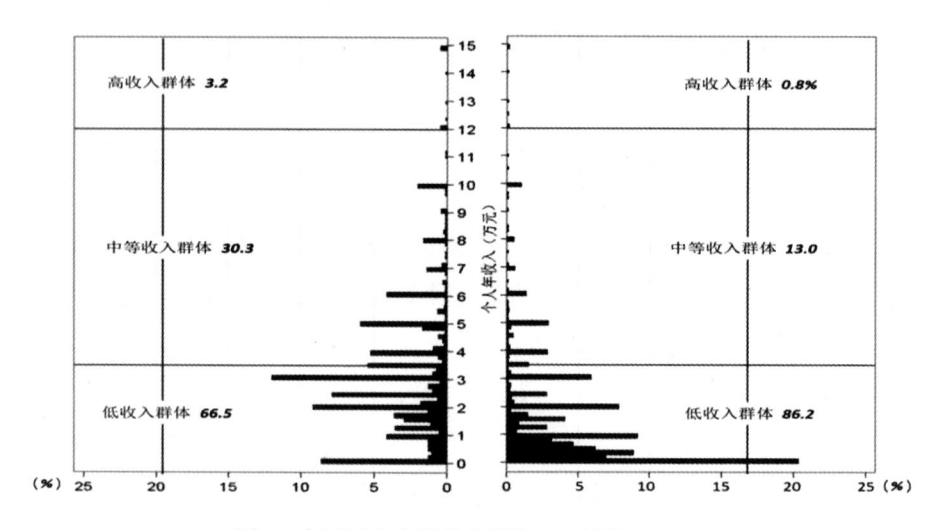

图 2　中国城乡中等收入群体占比情况 (2013)

根据李强和王昊 (2014) 的研究,中国社会结构正分裂为"城市—农村""中小城市—超大城市"四个世界,不同世界之间社会结构迥异,差距日趋拉大。② 从城市内部结构来看,低收入群体较多聚集在中等收入下限的附近,中等收入潜质群体占多数,因此城市发展具有较强的后劲;而从农村内部结构来看,不仅中等收入群体比例极小,而且中等收入潜质人群较少,发展后劲不足。中国社会结构的分

---

① 基础数据来自中国国家统计局网站。
② 李强、王昊:《中国社会分层结构的四个世界》,《社会科学战线》2014 年第 9 期。

化导致资源分布和发展机会地域分布不均衡。

（三）从现有中等收入群体的内部构成来看，在这一群体内部又形成了新的结构。中国中等收入群体的大部分集聚在中等收入的下层部分，其抵抗社会风险的能力较弱，需要更多的政策支持其不下滑。如图3所示，如果将中等收入标准区间再三等份的话，可以清楚地看到，目前中国的中等收入群体中，上层占5.62%，中层占19.2%，下层占75.25%。也就是说，中等收入群体中的75.25%，约有2.3亿人还停留在中等收入的下层，他们的经济社会地位还很不稳定，抵御社会风险的能力较弱，需要更多的政策支持其不下滑。

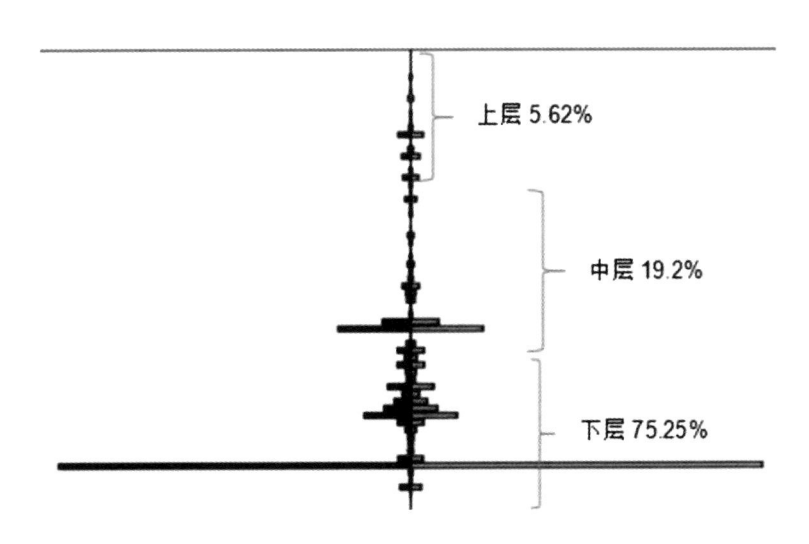

图3　中国中等收入群体内部结构图示（2013）

特别是在经济社会结构转型的阵痛期里，各种经济社会风险往往相互叠加作用于这个群体，使得中等收入群体下层极易掉入底层，从而产生群体性社会剥夺感。因此，采取措施保护和巩固中等收入群体下层，是建设橄榄型社会的题中应有之义。

（四）从受教育水平、职业和行业分布上看，中国中等收入群体所接受的教育水平较低，且大部分聚集在传统制造业领域，新兴产业及社会服务业领域的中等收入群体所占比重过低。这将在很大程度上制约中国经济和产业结构的现代化转型升级。

在受教育程度方面，中国中等收入群体以初、高中学历为主，占比近60%，本科及以上学历仅占23.3%；而从行业和职业分布上看，中国中等收入群体主要集中在制造、批发零售、建筑、交通运输等传统行业，市场营销员、售货员、司机、行政人员、办公室职员、厨师等传统职业成为中等收入群体的主要就职领域，而以信息技术、教育科研、医疗护理、咨询旅游等为代表的现代服务业领域中等收入群体比重较低（见图4）。因此，发展和完善现代职业教育体系，助力产业转型升级成为扩大中等收入群体的重要措施。

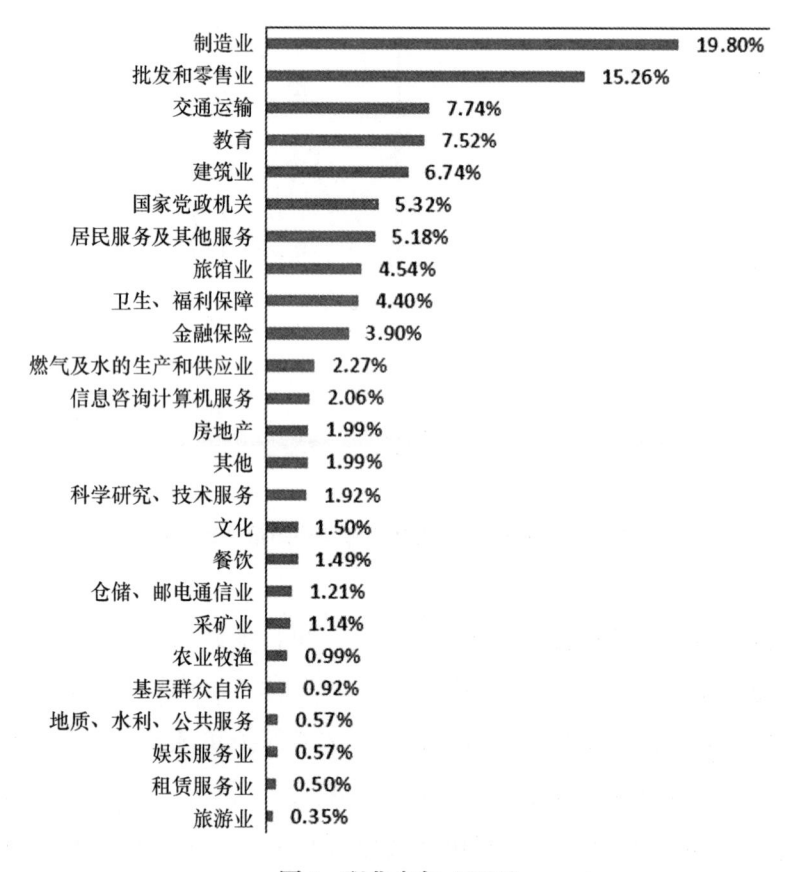

行业	占比
制造业	19.80%
批发和零售业	15.26%
交通运输	7.74%
教育	7.52%
建筑业	6.74%
国家党政机关	5.32%
居民服务及其他服务	5.18%
旅馆业	4.54%
卫生、福利保障	4.40%
金融保险	3.90%
燃气及水的生产和供应业	2.27%
信息咨询计算机服务	2.06%
房地产	1.99%
其他	1.99%
科学研究、技术服务	1.92%
文化	1.50%
餐饮	1.49%
仓储、邮电通信业	1.21%
采矿业	1.14%
农业牧渔	0.99%
基层群众自治	0.92%
地质、水利、公共服务	0.57%
娱乐服务业	0.57%
租赁服务业	0.50%
旅游业	0.35%

图4　职业分布（2013）

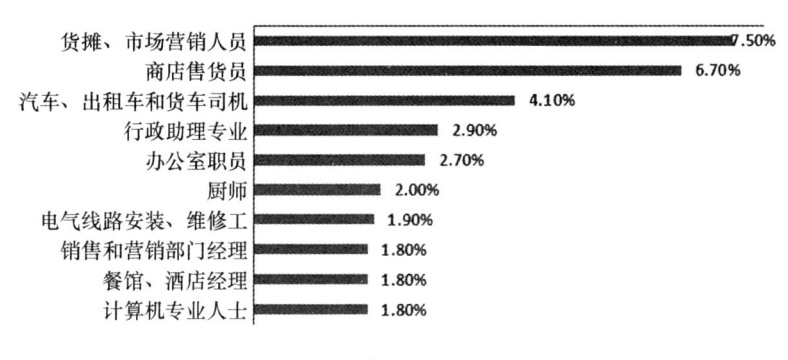

```
货摊、市场营销人员             7.50%
商店售货员                    6.70%
汽车、出租车和货车司机        4.10%
行政助理专业                 2.90%
办公室职员                   2.70%
厨师                         2.00%
电气线路安装、维修工         1.90%
销售和营销部门经理           1.80%
餐馆、酒店经理               1.80%
计算机专业人士               1.80%
```

图 5　行业分布（2013）

（五）从中等收入群体的生活方式和消费水平来看，中国中等收入群体的现实生活与理想意义上的中产生活尚有差距，消费水平低。如表 1 所示，理论上讲，中等收入者应在收入、财产、消费结构、社会保障、休闲娱乐和社会心态等方面达到以下标准，才能维系和支撑体面的生活方式，从而真正发挥中等收入群体在经济社会发展中的"消费引擎"和"社会稳定器"作用。

表 1　　　　　　　　　　中等生活水平标准

维度	中等生活水平标准
收入	家庭年人均可支配收入 2 万—6.7 万元
财产储备	有房、有车、有金融理财产品
消费结构	恩格尔系数为 0.3—0.365
社会保障	养老保险、医疗保险、失业保险
休闲娱乐	每年有文化娱乐支出，每年有旅游支出，居住状况为单元房、别墅或联排别墅的中产社区
社会心态	社会地位自我评价居中或以上、对生活满意、对未来有信心

资料来源：李强、赵罗英：《中国中等收入群体和中等生活水平研究》，《河北学刊》2017 年第 3 期。

然而，从 2013 年全国居民的生活水平看，在收入达标的中等收入群体中，大部分尚未达到中等生活水平。数据显示，在中等收入家庭中，财产储备达标的仅占4%；消费结构达标的仅占23%；社会保障达标的占23%；生活方式达标的仅占15%；主观态度达标的占68%。这表明，中国中等收入群体还处于成长发育过程中，其生活方式还比较落后，消费水平还比较低，社会心态也不够成熟和乐观。因此，要想充分彰显理论意义上中等收入群体的"消费引擎、社会稳定器和主流价值载体"等多方面的积极功能，还有待从收入提升、社会保障、公共产品和服务供给等多方面提升中等收入群体的生活品质。

三 中国中等收入群体的发展与社会结构优化

现阶段中国中等收入群体的上述显著特征实际上表明，中国中等收入群体的发展壮大遭遇了诸多结构性瓶颈，这很大程度上延滞了中国建设橄榄型社会格局的进程，制约了社会结构的优化。进一步壮大中国中等收入群体，需要从如下几个方面统筹布局：

（一）适时启动中等收入群体培育计划，助力徘徊在中等收入下限边缘的2.5亿潜质群体顺利进入中等收入群体。

上文分析中已指出，目前在中等收入下限以下的1.5万元收入内，聚集了2.5亿中等收入潜质层。这一中等收入潜质层是短期内迅速扩大中国中等收入群体的关键部分。研究表明，这一潜质层主要包括技术工人、个体户、农民工等。众所周知，针对中国近8000万的贫困人口，党中央启动了"精准扶贫"战略，并在2020年实现全民脱贫。[①]而针对这2.5亿中等收入潜质群体，目前尚没有针对性的政策措施。未来10年是中国建设橄榄型社会结构的关键期，因此应当瞄准这些中等收入潜质群体，出台相应的政策和制度，启动较为精准有效的中等收入群体培育计划，有针对性地培育和扩大中等收入群体，助力中等收入潜质层顺利步入中等收入群体。

---

① 基础数据来自中国政府网。

（二）酌情实施国民收入增长计划，普遍提升全社会成员的收入水平，从整体上发展壮大中国中等收入群体规模。

研究显示，近40年来，中国居民可支配收入占GDP的比重从改革初期的68%下降到2010年的41%，尽管2010—2015年期间有所上升，但并不明显，2015年才达到45%，2015—2020年期间再次下降，2020年达到41%。而在同等发展阶段的美国，这一比例一直保持在70%以上。从国民财富的初次分配上看，20世纪90年代初期中国居民所得约占53%，而到2015年，中国居民所得占46%，减少了7个百分点。假设近25年来维持居民、政府和企业的财富初次分配比例不变，大约有10万亿原本应该分配给居民的财富分别流向了企业和政府部门。由此可见，居民部门在国民收入分配中所占比重较少，这是目前中国中等收入群体规模较小的根本原因。按照2015年GDP和人口规模估算，如果企业出让4个百分点的利益，劳动者的税前年收入将增长3000元；如果政府出让3个百分点的利益，劳动者的税前年收入将增长2250元。两者合计劳动者收入共增加5250元，将有2500万人进入中等收入群体，所占比例将提高2个百分点。[①]

因此，整体上扩大中国中等收入群体，需要尽快调整国民收入的初次分配格局。实际上，在日本、韩国等已经实现现代化转型的国家，其历史上都曾有过国民收入增长计划，出台了相应的社会培育和保护制度。例如，1960年日本启动了为期10年的"国民收入倍增计划"，在该计划下，日本内阁引入了最低工资制，扩展了社会保障，完善了养老保险金，提高了健康保险付给率，增加了公共投资，等等。正是在推行计划的十余年里，日本实现了经济腾飞，培育了近1亿"中产阶层"，成功实现了社会结构的现代化转型。因此，建议国家酌情实施国民收入增长计划。

（三）利用物联网等现代信息技术搭建城乡资源共享互补平台，

[①] 李强、戈艳霞：《我国中产阶层发展滞后的现状、原因与对策》，《中国人民大学学报》2017年第3期。

大力发展县域经济和特色小镇，统筹城乡发展，弥合区域差距。

从前文所述现阶段中国收入分布结构及中等收入群体的城乡分布特征上可知，城乡、区域差距成为扩大中等收入群体，优化社会结构的基本障碍。研究表明，"城市—农村"，"大城市—中小城市"四个世界的割裂导致中国资源和机会结构的畸形分布，由此造就了一些相互隔离的社会群体。突出表现在如下三个方面：一是留守村民，广大中西部农村地区的留守村民一方面缺乏职业机会和公共服务，另一方面大量土地和房产等闲置资本却不能转换为资产收益或创业的资本，因此陷入"僵局"无以自拔。二是进城农村人口，这一群体虽然年富力强，但由于职业技能缺乏，只能在城市从事中下层的职业，缺乏上升渠道，享受不到市民待遇，其人力资源得不到较好开发，因而多数处于中等收入潜质层。三是以大学毕业生为主的城城流动人口，他们普遍拥有较高的学历但缺少与现代产业相匹配的职业技能，但中小城市的职业机会和公共服务又普遍不能满足其发展预期。这意味着城乡和地区差距造成了社会人力资源的错配，各个群体所拥有的优势和资源得不到合理利用和充分交换。

为此，迫切需要利用现代信息、交通和物流技术，搭建城乡资源共享互补平台，创新城乡社会资源交换机制，使各类群体能充分利用自己的优势进行资源互换，实现增值，从而享受到自己所期望的另一个世界的资源与机会。比如，应探索让农民将土地、宅基地转换为资本和资源的机制，使得有意愿、有能力的农民有机会从土地中释放出来，通过土地入股或扩大经营等方式实现收入增长。此外，大力发展县域经济和特色小镇，促进农村富余劳动力的就近城镇化和充分就业，推动"人的城镇化"，统筹城乡发展，弥合城乡差距。

（四）搭建现代职业教育体系，培育与战略新兴产业和现代社会服务业相匹配的人才队伍，打造服务业领域的"工匠"，助力产业结构转型升级。

从低、中、高收入群体行业分布特征上可以看到，目前中等收入群体主要集中在传统制造业和传统服务业领域，从事低端传统行业是中国低收入群体的主要特征。劳动技能欠缺、缺乏与新兴产业和社会服务业相匹配的技能和素质成为中等收入潜质层难以显著提升收入水平的根本原因。目前,中国正处于产业结构转型升级的关键时期,培育新兴产业、促进现代社会服务业发展成为经济转型的重要路径,而与此同时,中国劳动力市场却呈现出技能型劳动力供需不匹配,低端劳动力过剩,高技能、新兴产业劳动力供给不足的尴尬局面。因此,扩大中等收入群体规模应充分顺应产业转型升级的历史趋势,打造学校系统教育、企业定向培养、政府公共培训相互支撑的职业教育体系和三方互动平台,提高中国劳动力技能水平,培养劳动者从业新技能和素质,培养一批能够满足先进制造业、新兴产业发展和现代社会服务业需求的人才队伍,从而助力中国产业转型升级的同时,带动大批低端产业从业者进入中高收入群体。

(五)加大社会保障投入,完善公共产品和服务,保护和巩固中等收入群体的下层,增加中等收入群体的安全感,激发其消费活力,提升其生活品质和社会满意度。

中国中等收入群体生活水平偏低,一方面与公共领域过度市场化息息相关;另一方面,也与社会保障水平较低紧密相联。首先,公共领域的过渡市场化导致民众住房成本、教育成本和医疗成本的昂贵化;其次,社会保障力度还不足给予民众足够的安全感。国际上通常采用"社会保障支出占财政支出的比重"来衡量各国政府的社会保障投入力度。从近年来的数据看,英国社保支出占财政支出的比重超过35%,美国超过了30%,2014年中国社保支出仅占财政支出的11%。[①] 可见,与已经实现橄榄型社会的国家相比,中国对居民的社会保障力度不足,居民的社会保障还需进一步加强。为了防范未来生活中的疾病风险、养老负担和育儿和子女教育负担,多数人都选择多储蓄少消费,从而抑制了消费需求,降低了生活水平和质量,也导致内需不足,消费动力不足,经济内外循环动力不足。

---

① 基础数据来自英国、美国、中国国家统计局。

因此，一方面应当加大社会保障投入力度，普遍提升人们的社会保障水平，构建起强有力的社会安全网，增强民众社会信心，激发消费活力，提升生活品质；另一方面，要建立和完善公共服务领域，提供多层次的公共服务产品，特别是要建立起面向大学毕业生，新生代进城农民工和未充分市民化的"农转非"居民等重点中等收入潜质群体的公共产品和服务，例如在大中城市建立起面向这些人群的廉租房、公租房等，通过相关措施加快推动其跨入中等收入群体。

四　结论

扩大中国中等收入群体是一项复杂而系统的社会建设工程，对于推动中国经济社会现代化转型具有纲举目张的统领意义，需要协同多个部门从收入分配格局、产业转型、教育体系、社会保障体系、公共资源配置和公共服务供给等体制和制度的变革和创新方面综合施策，统筹推进。

中国教育发展与中等收入群体扩大

一 中国教育事业总体发展情况

习近平总书记指出:"百年大计,教育为本。教育是人类传承文明和知识、培养年轻一代、创造美好生活的根本途径。"[1] 新中国成立以来,特别是党的十八大以来,我国教育发生了历史性变革,取得了历史性成就,形成了学前教育、义务教育、高中阶段教育、高等教育、成人培训和扫盲教育、特殊教育、民办教育、现代远程教育、网络教育相结合的多层次教育体系,我国教育总体发展水平进入世界中上行列。在城乡全面实现九年制义务教育,国民受教育水平显著提高,高中阶段教育发展迅速,普通高中与中等职业教育结构优化,高等教育开始进入大众化阶段,研究生和回国留学生数量不断增长,极大满足了广大人民群众提高素质、接受教育的需求,有中国特色社会主义的教育体系正在形成。整体上看,从1949年到2019年,我国各级各类学校从35.1万所发展到53.01万所,各级各类教育在校生从2554.7万人增加到2.82亿人,专任教师数从91.9万人增加到1732.03万人,文盲人数从解放初的4.34亿人下降到2010年的5466万人,年均减少729.5万人,文盲率也由80%降低到4.1%,基本消除了青壮年文盲;

---

[1] 习近平:《在联合国"教育第一"全球倡议行动一周年纪念活动上发表视频贺词》,《人民日报》2013年9月27日第3版。

学前教育毛入学率从 0.4% 提高到 83.4%，小学阶段毛入学率从 20.0% 提高到 99.9%，初中阶段毛入学率从 3.1% 提高到 102.6%，超过高收入国家平均水平；高中阶段毛入学率从 1.1% 提高到 89.5%，高于中高收入国家平均水平；高等教育毛入学率从 0.3% 提高到 51.6%，向普及化阶段快速迈进，如表 1 所示。小学、初中、高中、大学受教育程度人口比重分别达到 94.72%、69.48%、31.42%、13.87%。我国教育事业显著提高了国民的科学文化素质，促进了国家"软实力"的提升，为全面建成小康社会，实现中华民族伟大复兴，建设现代化国家奠定了坚实基础。

表1　　　　　各级各类教育在校生数量和毛入学率　　　　（万人,%）

	在校生数（万人）			毛入学率（%）		
	1949	1978	2019	1949	1978	2019
学前教育	14	788	4714	0.4	10.6	83.4
小学阶段	2439	14624	10561	20.0	94.0	99.9
初中阶段	95	4995	4827	3.1	66.4	102.6
高中阶段	32	1885	3995	1.1	35.1	89.5
高等教育	11.7	228	4002	0.3	2.7	51.6

资料来源：教育部：《2019 年全国教育事业发展统计公报》，2020 年 5 月 20 日，http://www.moe.gov.cn/jyb_sjzl/sjzl_fztjgb/202005/t20200520_456751.html。

改革开放以来，在党中央的领导下，我国教育体制也经历了巨大变革。1978 年 5 月"真理标准"大讨论，为改革开放起到思想准备作用，也直接影响到教育事业发展。1978 年 12 月，中央十一届三中全会确定了"解放思想，实事求是"的思想路线，作出了改革开放的总方针。在这一思想的指导下，我国教育界也开始系统性反思，力图创建有中国特色社会主义的教育理论和教学体系。

为适应经济改革和社会发展的需要，我国制定了一系列法律政策，明确了各界各类教育的合法性，保证了教育目标和战略的实施。比如，1986 年《义务教育法》、1993 年《教师法》、1995 年《教育法》、

1998年《高等教育法》、2002年《民办教育促进法》相继出台，使我国教育法制体系逐渐完善。20世纪80年代初，中央相继提出"四有"，即有理想、有道德、有文化、有纪律，以及"三个面向"，即教育要面向现代化、面向世界、面向未来，"四有"和"三个面向"成为教育发展的重要口号，在相当长一段时间内成为指导教育发展的重要思想。1985年5月，中央颁布《关于教育体制改革的决定》，提出"教育必须为社会主义建设服务，社会主义建设必须依靠教育"，纠正了1958年提出的"教育为无产阶级政治服务"的错误方针，使我国教育走上为社会主义现代化建设服务的正确轨道。1993年2月，中共中央、国务院印发《中国教育改革纲要》，指出"教育是社会主义现代化建设的基础，必须坚持把教育摆在优先发展的战略地位"，确定了教育事业的重要作用和意义。1999年，中央相继发布《面向21世纪教育振兴行动计划》《关于深化教育改革全面推进素质教育的决定》，进一步完善教育体制和内容。

普及义务教育是我国基础教育的重要任务。总体来看，我国义务教育改革经历了三个阶段：20世纪80年代改善办学条件，20世纪90年代基本实现"两基"目标，21世纪初全面实现"两基"目标。改革开放开始后，普及小学教育成为我国基础教育领域重点工作。1980年，国务院下发《关于普及小学教育若干问题的决定》，明确提出20世纪80年代要基本普及小学教育的任务，要求各级党政机关把它当成一件大事来抓。随后，中央《关于教育体制改革的决定》提出了在全国范围内普及九年制义务教育的决定，并实行分级管理体制。实施基础教育以来，我国文盲人数和文盲率显著下降。2000年，15岁以上人口文盲人数为8507万人，比1982年减少近1.4亿，文盲率也由1992年的15.9%下降到6.7%，实现了联合国教科文组织《世界全民教育宣言》的目标。1986年，我国颁布和实施了《义务教育法》，从法律上保证了适龄儿童、少年接受义务教育的权利，实行九年制义务教育制度是国家必须予以保障的公益性事业。2003年9月，国务院发布《关于进一步加强农村教育工作的决定》，提出在全国基本普及九年义务教育和基本扫除青壮年文盲的战略任务。到 2011 年底，全国 2856 个县（市、区）全部实现"两基"，人口覆盖率达到 100%，我国用了 25 年时间全面普及了城乡免费义务教育。2006 年《义务教育法》明确了各级政府在义务教育投入上的法定责任，规定政府财政要全力保障义务教育经费开支。国家财政教育经费从 1992 年的 728.75 亿元增加到 2006 年的 6348 亿元，进而达到 2012 年的 22236.23 亿元，占国内生产总值比例从 2.71% 提高到 4.28%，从总量上和占比上都实现快速增长，推动义务教育的更快发展。

从中华人民共和国成立初期到 20 世纪 90 年代末，我国高等教育延续了精英教育模式。其主要原因包括：一是教育基础差、学生少，大学生享受干部待遇，经费支持成本较高；二是国家优先发展重工业，对发展高等教育重视不够；三是"文化大革命"对教育体系破坏严重，师资力量严重不足。1979 年到 1998 年，普通本专科学校招生从 27.5 万人增加到 108.4 万人，每十万人口在校生从 105 人增加到 504 人，发展速度较为缓慢。在 20 世纪 90 年代中期，为了重新发展综合性大学，国家推行新一轮的院校调整合并，试图通过合并大量专业性高等教育学院建成综合性大学。普通高等学校数量从 1994 年的 1080 所下降到 1997 年的 1020 所，学校合并提高了教育容量，学生数量开始快速增加。

党和国家领导人意识到我国高等教育与世界发达国家的巨大差距，下定决心大力发展高等教育，培养高素质人才。1998 年，全国人大颁布《高等教育法》，这是新中国首部高等教育法，扩大了高校办学自主权，明确了分级管理、分级负责的教育管理体制。1999 年 1 月，《面向 21 世纪教育振兴行动计划》提出"积极稳妥发展高等教育"，随后在 6 月份的《关于深化教育改革全面推进素质教育的决定》提出"调整现有教育体系结构，扩大高中阶段和高等教育的规模，拓宽人才成长的道路，减缓升学压力。通过多种形式积极发展高等教育，到 2010 年，我国同龄人人口的高等教育入学率要从现在的 9% 提高到 15% 左右"，从此"高校扩招"开启了高等教育二十年高速发展的序幕,全国高校均扩大招生比例,招生人数、在校生人数、毛入学率等指标均飞速提升。以普通本专科为例,1999年我国招生159.7万人,比上年净增加51.3万人,增长率达到47.32%;到2012年,招生人数达到688.83万人,年均增长62.54万人,增长率达到15.29%。研究生教育也经历了同样的扩张,1999年全国招收研究生9.22万人,比上年增长27.17%,之后一直保持近20%的增长速度。2002年,我国高等教育毛入学率达到15%,提前8年进入大众化阶段。

随后几年,高教扩张速度放缓,但巨大的基数仍然推动扩招稳步前进。2012年,我国高等教育毛入学率达到30%,在校学生总规模达到3325万人,多年位居世界第一;其中,招收普通本专科学生688.83万人,普通本专科在校生达到2391.32万人,是1978年的17倍和28倍。高等学校和研究机构同招收研究生58.97万人,在校研究生达到171.98万人,分别是1978年的55.07倍和157.29倍,年均增长率达到12.51%和16.04%。

为了实施科教兴国战略,提高我国科技教育水平,培养高素质人才,迎接世界新技术革命的挑战,我国政府相继推出了"211工程"和"985工程"。"211工程"是指面向21世纪、重点建设100所左右的高等学校和一批重点学科的建设工程。1995年11月,国务院转批原国家计委、教委和财政部联合下发的《"211工程"总体建设规划》(计社会〔1995〕2081号),总体目标是"使100所左右的高等学校以及一批重点学科在教育质量、科学研究、管理水平和办学效益等方面有较大提高,在高等教育改革特别是管理体制改革方面有明显进展,成为立足国内培养高层次人才、解决经济建设和社会发展重大问题的基地"[1],对学校整体条件建设、重点学科建设、高等教育公共服务体系建设、资金保证和管理等方面提出要求。1998年5月4日,江泽民同志在北大建校100周年庆祝大会上提出:"为了实现现代化,我国要

---

[1]《国家计委、教委、财政部关于印发〈"211工程"总体建设规划〉的通知》,1995年11月18日,计社会〔1995〕2081号。

有若干所具有世界先进水平的一流大学。"教育部为落实中央精神，决定在实施"面向21世纪教育振兴行动计划"中，从机制创新、队伍建设、平台建设、条件职称和国际交流与合作等方面，重点支持部分高校建设世界一流大学和一批国际知名的高水平研究型大学，简称"985工程"。截至2011年年底，我国总共设立"211工程"高校116所、"985工程"高校39所，并决定不再新设两个工程的学校。

改革开放后，民办教育迅速复苏，学校数量、招生人数不断增加，办学范围也涵盖从基础教育到高等教育。1982年，第五届全国人大《宪法修改草案的报告》中提出"两条腿"办教育的方针，随后在1985年，中央发布《关于教育体制改革的决定》，提出"地方要鼓励和指导国家企业、社会团体和个人办学"，非学历教育的文化补习班应运而生。1987年，国家教委颁布《关于社会力量办学的若干暂行规定》，和财政部联合颁布《社会力量办学财务管理暂行规定》，民办社会培训班开始出现。1992年，邓小平同志南方谈话后，民办教育改革春风已然复苏。6月，改革开放后第一所民办小学"光亚小学"成立，代表着民办教育正式进入学历教育领域。1997年7月，国务院颁布《社会力量办学条例》，这是新中国第一个规范民办教育的行政法规，提高保护了社会力量办学的积极性。2002年12月28日，九届全国人大常委会审议通过了《民办教育促进法》，进而在2004年2月25日，国务院通过《民办教育促进法实施条例》，以法律形式明确了民办教育的法律地位，确定了政府促进民办教育的方针和原则，规范了管理和监督原则，促进了民办教育快速健康发展。2012年，全国共有各级各类民办学校13.99万所，其中幼儿园12.46万所、小学5313所、初中4333所、高中2371所、中职2649所、高校707所；各类教育招生1454.03万人，各类教育在校生3911.02万人；另外，民办培训机构2.02万所，培训人次860.64万。

我国农村地区人口众多，户籍人口数量长期占全国50%以上，但教育基础薄弱，教育人才匮乏，是我国提高国民素质的重点难点。特别是农村地区义务教育问题集中在三个方面，中小学生上学困难和辍学等问题严重,教师合格率低、教育质量不高,教育投入严重不足。①而且各地经济社会发展水平不同,公共资源聚集、办学条件、教育质量的城乡差距被进一步拉大。以义务教育阶段为例,与城乡二元结构相适应的户籍、土地、税收、社保制度是城乡教育差距形成的制度根源,同时,"分级办学"体制、重点学校或示范校政策、差别待遇的教师政策等精英化取向的教育政策是加大这一差距的直接因素。② 为了提高农村教育水平和效益,促进城乡优质教育资源共享,国家从2002年开始,先后实施"国家贫困地区义务教育工程""农村中小学现代化远程教育工程"等项目。其中,农村中小学现代化远程教育工程通过建立教学光盘播放点、卫星教学收视点、计算机教室三种模式,将城市优质教育资源输送到农村去。计划用5年时间,使11万个农村小学教学点基本配备教学光盘播放系统,38.4万所农村小学基本建成卫星教学收视点,4万所农村初中基本建成计算机教室。有效缓解农村地区(特别是西部边缘贫困地区农村)中小学教育资源匮乏和师资短缺的问题,提高师资水平和教学质量。到2007年,中西部农村中小学拥有光盘播放系统44万套、卫星接收系统26.5万套、计算机教学系统4.1万套,基本完成工程目标。为了进一步普及义务教育,中央决定从2006年起逐步实行免费义务教育,到2008年年底我国城乡基本实现免费义务教育。

职业教育一直是我国教育体系中的重要组成部分,为经济建设和改革开放提供了大量专业技术人员。1979年6月,全国五届人大二次会议指出"中等教育要有计划地举办各种门类的中等职业教育",

---

① 王德文:《中国农村义务教育:现状、问题和出路》,《中国农村经济》,2003年第11期,第4—11页。

② 鲍传友:《中国城乡义务教育差距的政策审视》,《北京师范大学学报》(社会科学版),2005年第3期,第16—24页。

1980年开始，中央国家部委出台一系列文件①，改革中等教育结构，提倡发展职业技术教育。1985年，中央《关于教育体制改革的决定》进一步指出"调整中等教育结构，大力发展职业技术教育，发展职业技术教育要以中等职业技术教育为重点，发挥中等专业学校的骨干作用"，肯定了中等职业教育的核心作用。1991年10月，国务院下发《关于大力发展职业技术教育的决定》，指出要"提倡产教结合，工学结合"，明确了职业教育教学的产教结合模式，学校自主招生，学生自主就业。1996年9月，全国人大常委会发布《职业教育法》，规定"职业教育是国家教育事业的重要组成部分，是促进经济、社会发展和劳动就业的重要途径"，肯定了职业教育在我国教育体系中的合法地位。2002年，国务院先后颁布《关于大力发展职业教育的决定》和《关于大力推进职业教育改革与发展的决定》，中等职业教育加快发展步伐，学校数量和招生人数持续增长。2009年，全国中等职业教育学校（包括普通中等专业学校、职业高中、技工学校和成人中等专业学校）1.44万所，招生812.11万人，在校生人数达到2195.2万人，分别是2002年的1.8倍、2.1倍。为我国经济社会发展培养了大批中高级技能型人才，提高了劳动者素质。

二 新时代中国教育强国战略与中等收入群体发展

党的十八大以来，我们围绕培养什么人、怎样培养人、为谁培养人这一根本问题，全面加强党对教育工作的领导，坚持立德树人，加强学校思想政治工作，推进教育改革，加快补齐教育短板，教育事业中国特色更加鲜明，教育现代化加速推进，教育方面人民群众获得感

---

① 这些文件包括：1980年，中央转批《全国劳动就业会议文件的通知》，国务院转批教育部《全国中等专业教育工作会议纪要》，国务院转批教育部和国家劳动总局《关于教育结构改革的报告》；1983年，教育部等四部委发文《关于改革城市中等教育结构、发展职业技术教育的意见》。

明显增强，我国教育的国际影响力加快提升，中国人民的思想道德素质和科学文化素质全面提升。

管理体制。在长期的实践中，我国教育管理逐步建立了中央领导、地方负责、分级管理的体制，教育改革也基本上采取自上而下的路径，这是与我国政治体制和治理结构相适应的。在管理体制上，我国政府通过法律政策、人事组织、评估拨款等途径，对各级教育管理体制、发展规模、速度、区域布局、办学方式、学科设置等实施全面统筹，形成了政府主导下的行政管理模式。[1] 同时，每一时期的教育改革都是政府根据核心任务提出改革目标和设想，确定改革内容和进程，各级政府负责落实这些目标和设想，其政策制定、政策实施、效果评价、保障机制等方面都是从中央到地方、政府到学校、学校到教师分级传递执行。[2] 政府主导、运动式的政策对教育事业的快速扩展具有积极作用，但是盲目追求数量和发展规模的指导思想缺乏对教育发展规律的认知，不利于我国教育质量提升和高素质人才培养。

为了解决教育管理体制弊端，中央不断推进我国教育领域综合改革，强调党对教育的全面领导，逐步取消对学校的直接行政管理，鼓励、引导社会力量投资办学，扩大社会资源投入，重视运用立法、拨款、规划、信息服务、政策指导和必要的行政手段进行宏观管理。

习近平总书记指出："我国经济总量虽然已经是世界第二，但我国还是世界上最大的发展中国家，还处在社会主义初级阶段，各种教育资源历史积累不足，地区之间教育发展不平衡，教育总体条件还不是很理想，教师特别是基层教师收入总体水平不高，办学条件标准不高，教育管理水平亟待提高。"[3] 因此，自党的十八大以后，持续加大对教育投资力度。1991—2018 年，我国教育经费投入量从 732.50 亿增

---

[1] 赵俊芳：《中国高等教育改革发展六十年的历程与经验》，《中国高教研究》2009 年第 10 期，第 3—10 页。

[2] 石中英、张夏青：《30 年教育改革的中国经验》，《北京师范大学学报》（社会科学版）2008 年第 5 期，第 22—32 页。

[3] 习近平：《做党和人民满意的好老师》，人民出版社单行本，2014 年 9 月 9 日，第 12—13 页。

长到 4.61 万亿，其中国家财政教育经济占 GDP 比重从 2012 年起连续 6 年在 4% 以上，如图 1 所示。

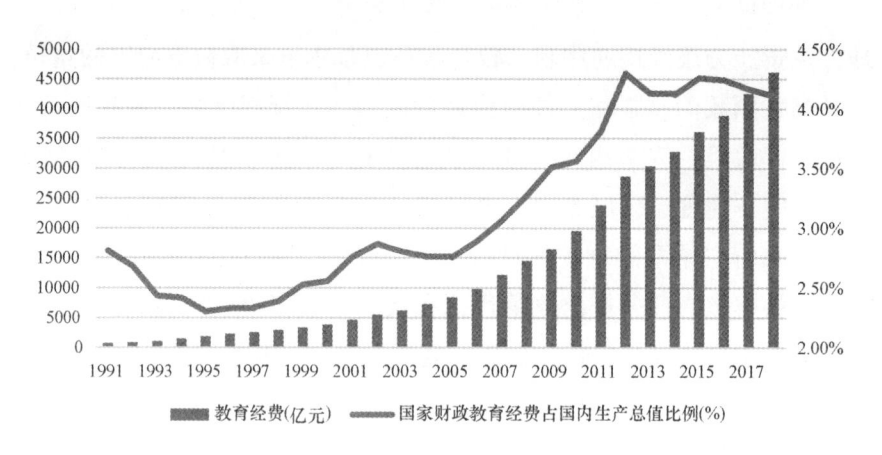

图 1　我国教育经费和国家财政教育经费占国内生产总值比例（亿元,%）

资料来源：《中国统计年鉴》，国家统计局网站：http://data.stats.gov.cn。

基础教育。习近平总书记指出："基础教育在国民教育体系中处于基础性、先导性地位，必须把握好定位，全面贯彻落实党的教育方针，从多方面采取措施，努力把我国基础教育越办越好。"[1] "基础教育是提高民族素质的奠基工程，要遵循青少年成长特点和规律，扎实做好基础的文章。基础教育要树立强烈的人才观，大力推进素质教育，鼓励学校办出特色，鼓励教师教出风格。"[2] 由于历史的、经济的、政策的原因，各地教育资源存在分布不均衡状况，市场经济的竞争压力导致教育不均衡问题加剧。我国教育体制具有政府主导的特征，为了迅速培养人才，贡献经济社会建设，在条件有限的情况下，政府优先

---

[1] 习近平：《在北京市八一学校考察时的讲话》2016 年 9 月 9 日，载于《习近平关于社会主义社会建设论述摘编》，中央文献出版社 2017 年版，第 57 页。

[2] 习近平：《在北京市八一学校考察时的讲话》2016 年 9 月 9 日，《人民日报》2016 年 9 月 10 日，载于《习近平关于社会主义社会建设论述摘编》，中央文献出版社 2017 年版，第 58 页。

发展部分重点中小学，大量资源也向这些学校倾斜，造成基础教育质量的不平等，特别是城乡教育差距显著。随着市场经济的发展，以市场配置劳动力资源的机制基本建立，就业竞争压力逐步增大，高等教育的竞争压力逐渐传递到基础教育，反向加强了义务教育阶段的竞争，进一步加剧了学校之间教育资源配置不均衡，造成了公立学校教育不公平。[①] 习近平总书记指出："治贫先治愚，扶贫先扶智。教育是阻断贫困代际传递的治本之策。国家教育经费要继续向贫困地区倾斜、向基础教育倾斜、向职业教育倾斜，特岗计划、国培计划同样要向贫困地区基层倾斜。"[②] 党的十八大以来，我国县域义务教育均衡化发展成效显著。全国已有2717个县通过均衡教育国家督导评估，16个省（区/市）整体通过认定[③]；全国累计资助学生4.25亿人次，资助金额达6981亿元，其中财政投入达4780亿元；实施教育精准扶贫，覆盖全国2600多个县近22万所义务教育学校，中央累计投入1336亿元，带动地方投入2500亿元。[④] 基础教育教学质量和教师能力水平得到很大提升。

习近平总书记指出："要紧紧扭住教育脱贫致富的根本之策，再穷不能穷教育，再穷不能穷孩子，保证贫困家庭孩子受到教育，不要让孩子输在起跑线上。"[⑤] 中华人民共和国成立后，如何在一穷二白的基础上办教育是摆在党和国家面前的一道难题。为了体现社会主义特征，在多年的探索中，我国逐渐形成了财政性教育经费为主，多元化非财政性经费的结构，既有政府托底保障，又提高了社会投入的积极

[①] 翟博：《均衡发展：我国义务教育发展的战略选择》，《教育研究》2010年第1期，第3—8页。
[②] 习近平：《在中央扶贫工作会议上的讲话》2015年11月27日，载于《习近平关于社会主义社会建设论述摘编》，中央文献出版社2017年版，第54页。
[③] 《2018年全国义务教育均衡发展督导评估工作报告》，2019年2月26日教育新春系列发布会，http://www.moe.gov.cn/fbh/live/2019/50415/sfcl/201903/t20190326_375275.html。
[④] 《努力让十三亿人民享有更好更公平的教育》，《人民日报》2017年10月17日第1版。http://edu.people.com.cn/n1/2017/1017/c1053-29591581.html。
[⑤] 习近平：《在中央农村工作会议上的讲话》（2013年12月23日），《十八大以来重要文献选编》（上），中央文献出版社2014年版，第682页。

性。财政性教育经费包括财政预算内教育经费、各级政府征收用于教育的税费、企业办学中的企业拨款、校办产业和社会服务收入中用于教育的经费;非财政性教育经费包括民办学校中举办者投入、社会捐赠经费、学杂费等事业收入和其他收入。[1] 但是,由于东西部、城乡经济发展水平差异较大,再加上中央地方分税制改革,基础教育财政压力大部分落到乡镇,导致农村地区义务教育财力薄弱,农民税收负担过重,严重影响了农村地区教育投入的增长。[2] 取消义务教育阶段收费在很大程度上缓解了这一问题,但是由贫穷导致的城乡、区域义务教育差距问题依然很严峻。2016 年 9 月 9 日,习近平总书记在北京市八一中学考察时指出:"要推进教育精准脱贫,重点帮助贫困人口子女接受教育,阻断贫困代际传递,让每一个孩子都对自己有信心、对未来有希望。"为此,党的十八大以来,党中央、国务院高度重视学生资助工作,建立了国家助学金制度,实现了各个教育阶段、公办民办学校、家庭经济困难学生"三个全覆盖",累计资助学生 6.2 亿人次,累计资助金额 10907 亿元。[3] 同时,中央加大对贫困地区义务教育薄弱学校投入,截至 2018 年底,全国财政投入专项补助资金 5426 亿元,其中中央投入 1699 亿元,地方配套 3727 亿元,农村义务教育特别是贫困地区办学条件显著改善。[4]

高等教育。习近平总书记指出:"高等教育发展水平是一个国家发展水平和发展潜力的重要标志。世界各国都把办好大学、培养人才

---

[1] 李艳丽、张振助:《教育事业蓬勃发展,全民素质普遍提高》,《新中国 60 年》,中国统计出版社 2009 年版。

[2] 王德文:《中国农村义务教育:现状、问题和出路》,《中国农村经济》2003 年第 11 期。

[3] 《国家学生资助工作情况》,教育部财务司,2019 年 2 月 28 日教育新春系列发布会,http://www.moe.gov.cn/fbh/live/2019/50353/sfcl/201902/t20190228_371559.html,2019 年 3 月 29 日登录。

[4] 《薄弱学校改造工作目标提前一年基本实现,农村义务教育办学条件得到显著改善》,2019 年 2 月 26 日教育新春系列发布会,第四场介绍 2018 年教育事业发展有关情况,http://www.moe.gov.cn/fbh/live/2019/50340/sfcl/201902/t20190226_371170.html,2019 年 3 月 30 日登录。

作为实现国家发展、增强综合国力的战略举措。"① 1999年开始的高等教育扩张为我国迅速成为高等教育大国，实现高等教育大众化贡献巨大。根据现代高等教育理论，高等教育毛入学率低于15%属于精英教育，大于15%并小于50%属于大众化教育，高于50%属于普及化教育。② 2018年，我国高等教育毛入学率达到48.1%，基本完成大众化阶段，并开始向普及化发展。

习近平总书记指出："规模能力上去了，质量也要上去。要深入研究教育体制、教学体制、教师管理等问题，着力把教育质量搞上去。"③ 为了增强高等教育综合实力和国际竞争力，实现从人力资源大国向人才强国的转变，国家采取一系列措施加快高等教育强国建设。2015年8月18日，中央深改组审议通过《统筹推进世界一流大学和一流学科建设总体方案》，对新时期高等教育建设作出新部署。2016年6月23日，教育部宣布《关于继续实施"985工程"建设项目的意见》等382份规范性文件失效，正式宣告停止"211""985"以及重点、优势学科建设工程。2017年1月，教育部等三部委印发《统筹推进世界一流大学和一流学科建设实施办法（暂行）》，9月公布首批世界一流大学建设高校42所，一流学科建设高校95所，双一流建设学科465个。习近平总书记在十九大报告中提出"加快一流大学和一流学科建设，实现高等教育内涵式发展"的要求，我国高等教育事业走向新的征程。

职业教育。习近平总书记指出："要牢牢把握服务发展、促进就业的办学方向，深化体制机制改革，创新各层次各类型职业教育模式，坚持产教融合、校企合作，坚持工学结合、知行合一，引导社会各界特别是行业企业积极支持职业教育，努力建设中国特色职业

---

① 习近平：《在全国高校思想政治工作会议上的讲话》2016年12月7日，载于《习近平关于社会主义社会建设论述摘编》，中央文献出版社2017年版，第60页。

② ［美］马丁·特罗：《从精英向大众高等教育转变中的问题》，《外国高等教育资料》1999年第1期，第1—22页。

③ 习近平：《在中央财经领导小组第十三次会议上的讲话》，载《习近平关于社会主义社会建设论述摘编》，中央文献出版社2017年版，第55页。

教育体系。"① 经过 70 年的发展，我国职业教育包括中等职业教育和高等职业教育，前者包括普通中专、成人中专、职业高中和技工学校，后者主要指普通专科。高教扩张引发人们对普通高等学校学历的追捧，职业教育一度被认为是学习成绩较差学生的"次等选择"，这在一定程度上导致了我国高水平技术工人稀缺的现状。近年来，中央更加重视职业教育。2014 年 6 月，习近平总书记就加快发展职业教育做出重要指示："要牢牢把握服务发展、促进就业的办学方向，深化体制机制改革，创新各层次各类型职业教育模式，坚持产教融合、校企合作，坚持工学结合、知行合一，引导社会各界特别是行业企业积极支持职业教育，努力建设中国特色职业教育体系。"②

习近平总书记指出："目前，全国技能劳动者达到一亿六千五百万人，但高技能劳动者仅占百分之二十七。""这也是一种供给侧失衡，需要的培养不出来，培养出来的不需要。""要深入研究职业教育培训体制机制问题，建设现代职业教育体系，推进产教融合、校企合作，使技能人才越来越多"。③ 2018 年，我国共有职业院校 1.17 万所，招生 928.24 万人；其中中职学校 1.03 万所，招生 559.41 万人，在校生 1551.84 万人，分别占高中阶段教育的 43.49%、41.37%、39.47%；高职（专科）学校 1418 所，招生 368.83 万人，在校生 1133.7 万人，分别占普通本专科的 52.76%、46.63%、40.05%；2015—2017 年，超过 850 万家庭子女通过失业教育实现第一代大学生梦想；每年开展各类培训上亿人次，已经成为我国高中和高等教育阶段重要组成部分。④ 与此同时，

---

① 习近平：《在全国职业教育工作会议上的讲话》，载《习近平关于社会主义社会建设论述摘编》，中央文献出版社 2017 年版，第 48 页。

② 习近平：《就加快职业教育发展做出重要指示》，《人民日报》2014 年 6 月 24 日第 01 版。

③ 习近平：《在中央财经领导小组第十三次会议上的讲话》2016 年 5 月 16 日，《人民日报》2016 年 5 月 17 日第 01 版，载《习近平关于社会主义社会建设论述摘编》，中央文献出版社，第 55—56 页。

④ 《数说新时代职业教育》，教育部职业教育与成人教育司，2019 年 2 月 19 日教育新春系列发布会，第三场介绍《国家职业教育改革实施方案》的主要内容和下一步工作考虑，http://www.moe.gov.cn/fbh/live/2019/50294/sfcl/201902/t20190219_370017.html，2019 年 3 月 30 日登录。

职业教育教师队伍建设进一步加强，职业院校专任教师133.2万人，其中"双师型"教师达45.56万人[①]；中等职业教育生师比从2012年的24.19∶1下降到2017年的19.59∶1，高职从24.19∶1下降到17.74∶1。2019年1月，国务院发布《国家职业教育改革实施方案》，坚持服务发展、促进就业的办学方向，职业学校办学质量、教师配备和学生数量都有较大提高。职业教育规模的扩大和质量的提升，为国家经济社会发展所需技术技能人才提供了不可或缺的人力资源支撑。

民办教育。经过30多年的发展，民办教育已经成为我国教育体系中不可或缺的组成部分。2018年，我国有各级各类民办学校18.35万所，占全国比重的35.35%；在校生达到5378.21万人，占全国总数的19.51%；其中，民办幼儿园16.58万所，占全国62.16%，在园幼儿2639.78万人，占全国56.69%；普通小学6179所，占全国3.82%，在校生884.57万人，占全国8.56%；初中5462所，占全国10.51%，在校生636.3万人，占全国13.68%；普通高中3216所，占全国23.41%；中职1993所，占全国25.39%，在校生209.7万人，占全国17.28%；普通高校749所，占全国28.13%，在校生649.6万人，占全国22.95%。[②] 民办教育已经从非学历的文化特长培训发展成为我国学历教育体系中不可或缺的组成部分，有效缓解了公办教育供给不足，调动了全社会资源投入，是学前教育的主体，义务教育的有效补充，高中阶段教育的重要一环，高等教育的重要支柱。但是，我国民办教育在制度建设、资金保障、管理结构、教育质量、生源资质等方面存在一系列问题，限制了民办教育的发展壮大。为此，2016年11月，十二届全国人大审议修订《民办教育促进法》，进一步规范民办教育

[①] 《"双师型"教师队伍建设有关工作情况》，教育部教师工作司，2019年2月19日教育新春系列发布会，第三场介绍《国家职业教育改革实施方案》的主要内容和下一步工作考虑，http：//www.moe.gov.cn/fbh/live/2019/50294/sfcl/201902/t20190219_370020.html，2019年3月20日登录。

[②] 《2018年全国教育事业发展基本情况年度发布》，2019年2月26日教育新春系列发布会，第四场介绍2018年教育事业发展有关情况，http：//www.moe.gov.cn/fbh/live/2019/50340/sfcl/201902/t20190226_371173.html，2019年4月2日登录。

的范围和活动,促进民办教育事业的健康发展,维护民办学校和受教育者的合法权益。

三 中国教育发展提高劳动生产率、收入增长与中等收入群体扩大

改革开放以来,人口结构的转型和教育的发展使劳动力素质不断提升,为经济发展和社会进步提供了巨大的动力,实现了巨大的"人口红利",促进了举世瞩目的经济增长"奇迹"。促成中国经济"奇迹"的原因有很多,绝大多数研究认同,经济增长绩效是改革开放的结果,即通过改善微观环节的激励机制、矫正价格信号、发育产品市场、拆除生产要素流动的体制障碍,以及对外开放引进技术、资金和竞争,提高了中国在这一发展阶段的潜在增长率并予以实现。[①] 不可忽视的是,人口条件、劳动要素投入、就业结构变化等都为中国经济增长注入强劲动力。由于改革时期与计划生育政策及社会经济发展促进的人口转变过程相重合,实现了高生育率和高人口增长率阶段向低生育率和低人口增长率阶段的转变,这个过程形成了充足的劳动力供给,通过改革在城乡创造了大量的就业机会,给中国经济增长提供了额外的源泉。如果将人口抚养作为人口红利的代理指标,那么在1982—2000年间,人口红利对中国经济增长的贡献为15%[②],甚至有的学者估计同期人口抚养比每下降1个百分点,可以提高人均 GDP 增长率0.115个百分点,即对人均 GDP 增长的贡献高达26.8%。[③] 如果

[①] 蔡昉:《中国经济改革效应分析——劳动力重新配置的视角》,《经济研究》2017年第7期,第4—17页。

[②] Wang, Feng and Mason, Andrew, 2008, "The Demographic Factor in China's Transition", in Brandt, Loren, and Rawski, Thomas, ed., China's Great Economic Transformation, Cambridge · New York: Cambridge University Press.

[③] Cai, Fang and Wang Dewen, 2005, "China's demo-graphic transition: Implications for growth", in Ross Garnaut and Song Ligang, eds, The China Boom and Its Discontents, Canberra: Asia Pacific Press.

算上教育质量改善对人力资本提升的影响,那么人口红利对经济增长的促进作用还要更高。不论从经济增长、社会发展、消除贫困、国家安定、人力资本等哪个角度看,中国共产党领导下的政府解决了7亿多人的就业问题都是一个伟大的成就。

教育不仅提升了劳动者群体人力资本水平和存量,促进了劳动生产率提升,延缓了资本边际报酬递减趋势,还极大地促进了经济增长和人民收入水平的提升,从而创造出一大批中等收入群体。中华人民共和国成立以来,我国经历了办"扫盲班"、提高识字率、普及九年义务教育、扩大高中阶段教育、高等教育扩招等历次改革,我国人口结构发生转变的同时,人口受教育结构也经历巨大变化。从2002年至2019年,我国6岁以上人口中,未上学人口占比和小学人口占比显著下降,前者从10.2%降低到5.1%,后者从35.0%降低到25.3%。受九年制义务教育普及影响,具有初中学历人口占比经历了先上升再下降的过程,2010年达到最高的41.7%后开始下降,2019年为37.3%,如表2所示。总体来看,同期具有初中及以下教育程度人口占比从82.8%下降到67.7%,这些人以农业户口、居住在农村、老年人为主,他们缺乏继续学习的主动性,而且大多数人逐步进入退休阶段,对劳动力群体人力资本提高意义不大。与此同时,具有高中和大专及以上受教育程度人口比例显著上升,前者从13.4%提高到17.7%,后者则从5.5%增加到14.6%。从另一个角度看,2006年,全国就业人员中具有初中及以下受教育程度人口比例为81.5%,高中程度占比为11.9%,大专及以上仅占6.6%,劳动者受教育程度越低,就越难以操作复杂的机器设备,边际劳动生产率也会很低。在教育全面扩张的同时,劳动力群体的受教育水平也不断提升,为经济高速增长提供了充足的人力资本积累。2018年,就业人员中高中阶段受教育程度占比达到19.1%,大专及以上占比增加到19.2%,均远远高于2006年水平。而且,随着高中阶段教育和高等教育进入普及化阶段,新增劳动力受教育程度还会继续改善,人力资本的积累适应资本投入的增加和技术的进步,继续推动经济的增长和居民收入的提高,从而创造更大比例的中等收入群体。

表2　　我国6岁以上人口中各阶段受教育程度人口占比　　（%）

	未上过学	小学阶段	初中阶段	高中阶段	高等教育
2002	10.2	35.0	37.6	12.5	4.7
2003	9.7	33.4	38.0	13.4	5.5
2004	9.2	32.4	39.3	13.4	5.8
2005	10.4	33.3	38.3	12.4	5.6
2006	8.8	33.1	39.0	12.9	6.2
2007	8.0	31.8	40.2	13.4	6.6
2008	7.5	31.2	40.9	13.7	6.7
2009	7.1	30.1	41.7	13.8	7.3
2010	5.0	28.7	41.7	15.0	9.5
2011	5.5	27.6	41.4	15.5	10.1
2012	5.3	26.9	41.1	16.1	10.6
2013	5.0	26.4	40.8	16.5	11.3
2014	5.4	26.2	40.2	16.7	11.5
2015	5.7	26.2	38.3	16.4	13.3
2016	5.7	25.6	38.8	16.9	12.9
2017	5.3	25.2	38.1	17.6	13.9
2018	5.4	25.3	37.8	17.6	14.0
2019	5.1	25.3	37.3	17.7	14.6

资料来源：除2010年外，数据来自住户抽样调查，https://data.stats.gov.cn。2010年数据来自2010年人口普查，《中国人口与就业统计年鉴》2011。

我国发展非农产业，推动劳动力从农业向非农产业转移，提升了总体劳动生产率水平。劳动生产率的提升一方面意味着经济的快速增长，另一方面直接带来了劳动者收入的提高，人们的生活质量有了显著改善。如表3所示，1978年，我国城镇居民人均收入只有343元，而农村更是低至134元，人们生活仅处于糊口水平，在世界上也处于落后国家行列。在改革发展过程中,城镇地区工业和服务业发展起来,带来了生产率提升和经济增长,特别是融入世界贸易体系后,东南沿海地区承接世界劳动密集型制造业产业转移,对劳动力需求极大。在收入的激励下,大量农村冗余劳动力从农村流向城镇,从农业流向非农产业。这些农业转移劳动力得到比他们在农村从事农业生产高得多的工资,一方面为城镇地区人均收入增长做出贡献,另一方面又将收入寄回农村家人处,间接提高了农村人均收入水平。到2019年年底,城镇居民人均收入达4.24万元,农村人均收入也达到1.60万元,均比改革初期实现巨大增长。同时,在相当长一段时间内,城镇地区居民收入增长速度高于农村居民,这与我国生产率提升路径和土地资源禀赋紧密相关。我国城镇地区工业基础、道路交通、技术积累和公共服务均远高于农村地区,所以工业和服务业等高生产率部门主要集中在城镇。而我国山地、丘陵、林地、沙漠、戈壁等地貌较多,连片平整耕地较少,而且东西分布不均,人均耕地面积很低,加上分田到户的集体土地所有制,使集约化、工业化、现代化农业生产较为困难,农业生产率一直增长较慢。党的十八大以来,以习近平同志为核心的党中央高度重视农村的发展,提出了乡村振兴战略,鼓励资本、企业、创业下乡,农村居民收入增长速度较快。

表3　　　　城镇和农村居民人均可支配收入和增长率(元,按当前价格)

	人均可支配收入(元)		收入增长率(%)	
	城镇	农村	城镇	农村
1978	343	134		
1979	405	160	17.9	19.9
1980	478	191	17.9	19.4
1981	500	223	4.8	16.8
1982	535	270	7.0	20.9
1983	565	310	5.5	14.7
1984	652	355	15.5	14.7

续表

	人均可支配收入（元）		收入增长率（%）	
	城镇	农村	城镇	农村
1985	739	398	13.3	11.9
1986	901	424	21.9	6.6
1987	1002	463	11.2	9.2
1988	1180	545	17.8	17.8
1989	1374	602	16.4	10.4
1990	1510	686	9.9	14.1
1991	1701	709	12.6	3.2
1992	2027	784	19.2	10.7
1993	2577	922	27.2	17.6
1994	3496	1221	35.6	32.5
1995	4283	1578	22.5	29.2
1996	4839	1926	13.0	22.1
1997	5160	2090	6.6	8.5
1998	5425	2162	5.1	3.4
1999	5854	2210	7.9	2.2
2000	6256	2282	6.9	3.2
2001	6824	2407	9.1	5.5
2002	7652	2529	12.1	5.1
2003	8406	2690	9.8	6.4
2004	9335	3027	11.1	12.5
2005	10382	3370	11.2	11.4
2006	11620	3731	11.9	10.7
2007	13603	4327	17.1	16.0
2008	15549	4999	14.3	15.5
2009	16901	5435	8.7	8.7
2010	18779	6272	11.1	15.4
2011	21427	7394	14.1	17.9
2012	24127	8389	12.6	13.5

续表

	人均可支配收入（元）		收入增长率（%）	
	城镇	农村	城镇	农村
2013	26467	9430	9.7	12.4
2014	28844	10489	9.0	11.2
2015	31195	11422	8.2	8.9
2016	33616	12363	7.8	8.2
2017	36396	13432	8.3	8.6
2018	39251	14617	7.8	8.8
2019	42359	16021	7.9	9.6

资料来源：《中国统计年鉴》，国家统计局网站：http：//data.stats.gov.cn。

四 中国中等收入群体扩大趋势

（一）数据来源和特征

本书使用中国家庭追踪调查（China Family Panel Survey，CFPS）来分析中等收入群体变化趋势。CFPS 是一项全国性、综合性的社会跟踪调查项目，样本覆盖全国 25 个省/市/自治区中的家庭户及所有家庭成员，预计样本规模为 16000 户家庭。[1] 调查内容包括经济活动、教育获得、家庭关系与动态、人口迁移、身心健康等诸多主题，反映了中国社会、经济、人口、教育和健康的变迁，能够为分析中国社会阶层提供良好的数据支撑。在 2010 年进行基线调查的基础上，项目组分别在 2012 年、2014 年、2016 年、2018 年进行追访，最终形成个人、家庭等不同数据库。根据家庭样本代码和个人身份代码，我们可以将不同年份的家庭与个人数据进行匹配，进而追踪比较个人的家庭基本情

---

[1] 关于中国家庭追踪调查抽样、问卷、变量等内容的详细情况，参见谢宇：《中国家庭追踪调查（2010）用户手册》，2013。项目介绍：http：//www.isss.pku.edu.cn/sjsj/cfpsxm/index.htm。数据下载：https：//opendata.pku.edu.cn。

况以及跨时段后的变化情况。

家庭收入数量稳步提高和收入结构发生较大变化。2010年平均家庭纯收入是33817元，其中工资性收入占比最大为64.1%；2014年家庭纯收入提高到55535元，实现64.2%的增幅，经营性收入占比下降到14.4%；2018年家庭纯收入提高到86278元，增幅55.4%，工资性收入仍然占比最大，为63%。经营性收入占比持续下降，从2010年的19.0%，到2014年的14.4%，进而2018年仅占11.4%。转移性收入比例上升，从2010年的10.5%上升到2014年的22.3%，超过经营性收入，占家庭净收入比例第二位，2018年稳定在21.2%。财产性收入和其他收入在三个年份占比都不高，分别约在2%—4%之间，这说明对于中国绝大部分家庭而言，工资性收入是家庭收入的主要来源。根据《中国统计年鉴数据》，农业就业人员占比从2010年的36.7%下降到2018年26.1%，劳动力从农业向生产率更高的工业和服务业转移，提高了全国平均劳动生产率，从而也提高了劳动者的收入。所以，家庭经营收入（包括农业经营和非农经营）占比下降，同时人均家庭纯收入从10254元提高到33642元，实现较大增幅。

（二）定义中等收入群体的方法

中国是一个从农业社会向工业社会过渡的发展中大国，中国的阶级基层也经历着重大而深刻的变革，对于中国社会阶层的划分也必须建立在这些大变革的基础上。前文对阶级阶层和社会分层理论进行了论述，考虑到中国快速的经济社会结构变化，本书以 Wright（2004）阶级划分理论为基础。[①] Wright 根据经济资本、权力资本和技术资本等属性，从生产资料、技能稀缺性、管理权威、雇员数量四个维度，将社会阶级划分为12类。张翼观察到中国是一个农业大国的特征，在

---

① Wright, Erik., 2004, *Class Counts*, Student Edition, Cambridge：Cambridge University Press, pp. 1 – 39.

Wright 的基础上，将农民阶级加入社会阶级构成。①

在其研究的基础上，本书按照生产资料占有程度和劳动性质不同，将整个社会按大类分为业主阶级、中产阶级、工人阶级和农民阶级。业主阶级是指具有土地、厂房、设备、资金等资本，从事生产经营的个体，其中雇佣1—9人的个体为小业主阶级，如果农业劳动者具有土地并雇人从事农业生产的个体也属于这一阶级。中产阶级主要指具有一定经济资本和人力资本，并从事非体力劳动的个体，其中具有少量资产的自雇个体为老中产阶级，那些受过一定专业教育、作为企业高级雇员、从事专业技术和管理的个体为新中产阶级。工人阶级是指在企业内从事体力劳动的个体，其中具有一定技术技能的个体为技术工人，不具备技术技能的个体为普通工人。农民阶级指从事农业生产劳动的个体，通常为自耕农。同时，因为我国退休年龄为60岁，为了便于比较，所以我们把分析对象的年龄限制在16—60岁之间。经过分类，2010年有14874名、2014年有221659名、2018年有14701名符合上述标准，他们共同作为本书分析的样本。

因为CFPS是追踪数据，本书既可以分析2010年、2014年和2018年的社会阶级结构，也可以追踪同一批个体跨时段的社会阶级变动情况。要实现这一目标，我们需要进行两次匹配。首先，根据家庭编码将同一年份的个人数据与家庭数据进行匹配，因此在分析个人社会阶级的同时，也可以观察其家庭基本情况。其次，将不同年份的个人数据进行匹配，这就可以比较同一批人在不同年份的社会阶级情况。

根据上述分类方式，中国社会阶级如表4所示。总体来看，农民阶级仍然是最大的社会群体，2010年占比高达44.4%，在接下来的年份中其占比持续下降，2014年为38.6%，到2018年则进一步降至32.8%，但其占比仍居各细分阶级首位。中国是一个农业人口众多的发展中大国，农村行政区划数量和农村面积仍然占大多数。

---

① 张翼:《当前中产阶层的政治态度》,《中国社会科学》2008年第2期，第117—131页。

根据国家统计局城乡行政区划，2018年全国有66.6万个村/居委会，其中68.7%属于乡村地区。同时，2010年第六次人口普查数据显示，我国人口为13.4亿，其中50.3%为乡村人口，乡村就业人数为4.1亿，占全体就业人数的54.5%。到2018年年底，我国常住人口城镇化率达到59.6%，户籍人口城镇化率也达到43.4%，城镇就业也上升到56.0%，劳动力从农村向城镇地区转移、从农业向非农产业转移是我国经济社会发展、实现工业的必然道路。这一过程反映在社会结构上，就是农民阶级占比下降，中产阶级和工人阶级比例的提高。

业主阶级保持稳定，工人阶级比例不断上升。中华人民共和国成立初期，我国开展了公私合营的社会主义改造，使用雇工的资产阶级和自雇的小手工业者都成为社会主义制度下的劳动者，所以我国社会不存在业主阶级和老中产阶级。工人阶级、管理人员和党政工作人员是城镇劳动者的主力。改革开放后，国家鼓励个人兴办企业，从事工商手工业的比例也逐渐提高。2010年，业主阶级比例为5.2%，其中86.1%是小业主。党的十八大以来，政府出台一系列措施鼓励"大众创业，万众创新"，民众的创业热情高涨，相应而言，2014年业主阶级上升到6.9%，2018年这一比例下降到4.4%。[①] 同时，国家大力发展工业和服务业，大量农村剩余劳动力从农业流向工业和城市居民服务业，工业和服务业就业的比例从1978年的40.7%迅速提高到2018年的73.9%。当然，这一比例包括了非农就业的业主阶级、中产阶级和工人阶级。单独来看工人阶级，其比例从2010年的22%上升到2014年的28.3%，进而下降到2018年的26.5%，其中普通工人比例持续增长，这与我国农村劳动力加速转移的趋势一致。

中产阶级和工人阶级逐渐成为社会主体，中产阶级群体的扩大成

---

① 因为CFPS是追踪数据，而不是横截面数据，所以2018年的结果只是对应2010年所选家庭中个体的变化，而不代表2018年社会一般情况。

为经济社会发展的稳定器。随着9年制义务教育的普及,高中阶段教育的扩大,高等教育的扩招,大量劳动力流向服务业,从事管理、商业服务、教育、科研等专业性、职业技能性工作,新中产阶级迅速扩大,2010年中产阶级占比达28.3%,其中新中产比例为19.9%;2014年比例有所下降,降至18.8%,但2018年快速上升为25.7%。以自雇为主要形式的老中产阶级的比例虽然从2010年的8.4%下降到2014年的7.4%,但2018年上升到10.6%,呈小幅波动趋势。新中产阶级比例保持相对平稳,中产阶级整体比例提高到2018年的36.3%,超过农民阶级成为社会构成主体。

表4　　　　　　　2010年、2014年和2018年社会阶级构成

社会阶级		2010年		2014年		2018年	
		人数	比例	人数	比例	人数	比例
业主阶级	业主阶层	109	0.7%	229	1.1%	80	0.5%
	小业主阶层	674	4.5%	1259	5.8%	568	3.9%
中产阶级	新中产	2965	19.9%	4070	18.8%	3777	25.7%
	老中产	1244	8.4%	1600	7.4%	1559	10.6%
工人阶级	主管和技术工人	1430	9.6%	2622	12.1%	1370	9.3%
	普通工人	1842	12.4%	3510	16.2%	2521	17.2%
农民阶级	农民阶层	6610	44.4%	8369	38.6%	4826	32.8%
合计		14874	100%	21659	100%	14701	100%

资料来源:由作者根据CFPS数据计算所得。

样本呈现较强的年龄特征。如表5所示,2010年平均年龄为40.6岁,2014年为40.2岁,2018年为41.6岁,劳动力平均年龄保持稳定。其中,中产阶级平均年龄最小,2010年只有37.5岁,2014年更是下降到35.9岁,2018年稍有提高到38.5岁,这一群体具有最高的平均受教育年限,平均都有高中毕业水平。农民阶级的平均年龄最大,2010年为43.9岁,到2018年更是达到47.3岁,他们的受教育程度也最低,仅有接近小学毕业程度。工人阶级平均年龄仅高于中产阶级,

平均受教育年限是8.7年左右，接近初中毕业程度，满足大部分企业对于普通工人的要求。女性在农民阶级中占比最高，在工人阶级中占比最低，说明农村男性劳动力更容易流出到工厂工作。

表5　2010年、2014年和2018年社会阶级构成的人口特征

社会阶级大类	2010年 年龄	2010年 教育年限	2010年 女性(%)	2014年 年龄	2014年 教育年限	2014年 女性(%)	2018年 年龄	2018年 教育年限	2018年 女性(%)
业主阶级	38.9	9.0	40.0%	38.2	8.8	44.6%	39.7	10.3	42.6%
中产阶级	37.5	11.3	43.9%	35.9	11.3	51.7%	38.5	11.3	45.8%
工人阶级	38.4	8.8	32.2%	38.1	8.5	31.0%	39.1	8.9	32.9%
农民阶级	43.9	5.3	53.5%	45.0	5.6	55.7%	47.3	5.4	56.6%
合计	40.6	8.0	45.4%	40.2	8.2	46.9%	41.6	8.7	45.8%

资料来源：由作者根据CFPS数据计算所得。

为了将2010年、2014年和2018年成人数据匹配起来，我们需要选择那些在两个年份都工作的成年人，所以需要排除：在调查年份未成年但在之后调查年份成年且工作的人、当年工作但后续调查年份已经退休的人，最终在2010年和2014年有10373名、9614名成人匹配成功，分别占两年样本的69.7%、44.4%。如表6所示，农民阶级占比最高，2010年达到50.8%，2014年有所下降，但仍高达43.8%。除工人阶级外，其余各阶级中女性占比都有所提高，中产阶级中女性占比从41.9%提高到45.3%，增长最快。平均年龄从41.3岁增加到43.9岁，其中，中产阶级平均年龄最小，2010年为37.9岁，2014年为40.8岁，但其受教育年限最高，平均约为高中教育程度。农民阶级平均年龄最大，且受教育年限最低。

表6　　2010年和2014年匹配数据社会阶级构成的人口特征

社会阶级大类	2010年				2014年			
	比例	年龄	教育	女性	比例	年龄	教育	女性
业主阶级	4.8%	39.2	8.8	38.5%	5.6%	41.8	8.6	40.0%
中产阶级	24.6%	37.9	11.1	41.9%	24.4%	40.8	11.4	45.3%
工人阶级	19.8%	38.8	8.8	30.3%	26.2%	42.4	8.5	30.1%
农民阶级	50.8%	44.1	5.5	52.7%	43.8%	46.9	5.6	55.2%
合计	10373	41.3	7.7	44.9%	9614	43.9	7.9	45.4%

资料来源：由作者根据CFPS数据计算所得。

2014年和2018年有12052名、10988名成人匹配成功，分别占两年样本的55.6%和74.7%。整体情况看，中产阶级比例上升，从24.2%增加到33.6%，成为社会结构主体，而业主阶级、工人阶级、农民阶级比例都有所下降，如表7所示。与上一阶段类似，中产阶级仍然平均年龄最小，受教育程度最高，但与业主阶级的受教育差距在缩小。农民阶级平均年龄从45.7岁提高到47.9岁，农业劳动力年龄老化趋势明显。业主阶级和中产阶级中女性比例逐渐接近一半，但工人阶级中女性比例仍然较低，2018年仅为31.1%，农民阶级中女性比例超过一半。

表7　　2014年和2018年匹配数据社会阶级构成的人口特征

社会阶层大类	2014年				2018年			
	比例	年龄	教育	女性	比例	年龄	教育	女性
业主阶层	6.1%	39.1	9.0	44.3%	4.5%	41.0	10.1	42.5%
中产阶层	24.2%	36.6	11.3	47.8%	33.6%	40.7	10.9	44.6%
工人阶层	25.8%	38.7	8.6	28.1%	24.0%	41.6	8.5	31.1%
农民阶层	43.9%	45.7	5.8	54.5%	37.9%	47.9	5.5	55.9%
合计	12052	41.3	8.0	45.5%	10988	43.7	8.2	45.6%

资料来源：由作者根据CFPS数据计算所得。

2010年和2018年有7500名、6334名成年匹配成功，占2010年样本的50.4%，占2018年样本的43.1%，匹配度较高。整体来看，中产阶级和工人阶级比例上升，农民阶级比例下降，这与上文两个年份样本的整体趋势相同。如表8所示，农民阶级占比最高，2010年高达51.9%，经过城镇化建设和农村劳动力加速转移，其比例在2018年下降到38.9%，中产阶级占比迅速提高，从24.4%增加到33.8%，已经接近农民阶级的比例。因为在数据样本中，我们规定了限制年龄为16—60岁，而实际上农业就业没有退休年龄规定，退出劳动最晚，所以考虑到这一点后，农民阶级的实际比例还可能增加。从另一个角度看，2010年农民阶级平均年龄为44岁，比其他阶级平均大6岁左右，而到了2018年差距约为5岁，这就说明有更多的高龄农民转移到其他阶级。平均受教育年限从7.8年提高到8.1年，人力资本水平不断提升。女性在各个社会阶级中占比都有所提高，其中农民阶级中女性占比提高了3.9个百分点，最为显著。

表8　　2010年和2018年匹配数据社会阶级构成的人口特征

社会阶级大类	2010年 比例（%）	2010年 平均年龄	2010年 教育年限	2010年 女性（%）	2018年 比例（%）	2018年 平均年龄	2018年 教育年限	2018年 女性（%）
业主阶级	4.6%	38.8	8.9	39.2%	4.1%	43.7	10.0	40.2%
中产阶级	24.4%	37.0	11.2	40.1%	33.8%	44.1	10.9	42.1%
工人阶级	19.1%	37.8	8.9	30.0%	23.2%	44.6	8.2	32.3%
农民阶级	51.9%	44.0	5.6	52.0%	38.9%	49.0	5.5	55.9%
合计	7500	40.9	7.8	44.3%	6334	46.1	8.1	45.1%

资料来源：由作者根据CFPS数据计算所得。

五 结论

教育是社会流动的重要动力，我们党历来重视教育工作，始终把教育作为一项重要事业来抓，这为提升人力资本、提高劳动生产率和经济增长、扩大中等收入群体起到重要作用。习近平总书记在党的十九大报告中指出："建设教育强国是中华民族伟大复兴的基础工程，必须把教育事业放在优先位置，深化教育改革，加快教育现代化，办好人民满意的教育。"[①] 教育提高了人民的素质和技能水平，加上良好的人口结构特征，为我国经济发展注入了强劲的动力。与此同时，经济增长又反过来提升了人民收入水平，促进生活水平和质量改善，推动了中等收入群体的扩大，形成了动态的良性循环。

---

① 习近平：《决胜全面建成小康社会 夺取新时代中国特色社会主义伟大胜利——在中国共产党第十九次全国代表大会上的报告》，人民出版社2017年版，第45页。

中国扩大中等收入群体的经济社会发展意义

扩大中等收入群体是"十四五"时期及2035年远景目标发展阶段的战略目标之一。扩大中等收入群体对于构建新发展格局与创造人民高品质生活具有经济与社会的双重积极意义，是在全面建成小康社会基础上，基本实现现代化，迈入中高收入国家的行列，实现全体人民共同富裕取得更为明显的实质性进展的重要举措。要通过提高劳动生产率、实施更加积极的就业政策、更加积极有效的公共服务与社会保障政策、进一步深化教育改革，实现教育均等化，提高教育数量、质量，促进人力资本的提升，带动中等收入群体扩大。以中等收入群体的扩大牵引高质量发展，进而促进经济、社会结构更加优化，实现经济与社会发展更加均衡化。

一 扩大中等收入群体的战略目标

党的十九大在做出2020年到本世纪中叶两个阶段重要发展安排时，即明确将"人民生活更为宽裕，中等收入群体比例明显提高，城乡区域发展差距和居民生活水平差距显著缩小，基本公共服务均等化基本实现,全体人民共同富裕迈出坚实步伐"① 作为从 2020 年到 2035 年第一个阶段安排的重要发展目标。党的十九届五中全会在擘画"十四五"时期和 2035 远景目标发展蓝图时,将提高人民收入水平,扩大中等收入群体作为重要远景目标,并进一步表述为:"人均国内生产总值达到中等发达国家水平,中等收入群体显著扩大,基本公共服务实现均等化,城乡区域发展差距和居民生活水平差距显著缩小。"② 此外,《中共中央关于制定国民经济和社会发展第十四个五年规划和二〇三五年远景目标的建议》(以下简称《建议》)第十二部分重点提出了"改善人民生活品质,提高社会建设水平"的"十四五"时期重要发展目标,"提高人民收入水平"是其中一个重要方面,并将"着力提高低收入群体收入,扩大中等收入群体"③ 作为具体内容。2021 年 3 月召开的全国"两会"通过的《中华人民共和国国民经济和社会发展第十四个五年规划和 2035 年远景目标纲要》(以下简称《纲要》)在细化《建议》时,在第四十八章优化收入分配结构部分,单列一节即第二节,提出扩大中等收入群体的路线图、施工图。《纲要》明确:"实施扩大中等收入群体行动计划,以高校和职业院校毕业生、技能型劳动者、农民工等为重点,不断提高中等收入群体比重。"④

扩大中等收入群体,不但是新发展阶段重要战略发展目标之一,也是涉及改善人民生活品质,促进共同富裕的重要方面。新发展阶段的鲜明发展特征是高质量发展,经济基础决定上层建筑,在我国进入高质量发展的时代背景下,中等收入群体与高品质生活必然成为衡量高质量发展的重要指标。习近平总书记指出:"高质量发展不只是一

---

① 习近平:《决胜全面建成小康社会夺取新时代中国特色社会主义伟大胜利——在中国共产党第十九次全国代表大会上的报告》,《人民日报》2017 年 10 月 28 日第 1 版。
② 《中共中央关于制定国民经济和社会发展第十四个五年规划和二〇三五年远景目标的建议》,《人民日报》2020 年 11 月 4 日。
③ 《中共中央关于制定国民经济和社会发展第十四个五年规划和二〇三五年远景目标的建议》,《人民日报》2020 年 11 月 4 日。
④ 《中华人民共和国国民经济和社会发展第十四个五年规划和 2035 年远景目标纲要》,《人民日报》2021 年 3 月 13 日。

个经济要求，而是对经济社会发展方方面面的总要求。""要始终把最广大人民根本利益放在心上，坚定不移增进民生福祉，把高质量发展同满足人民美好生活需要紧密结合起来，推动坚持生态优先、推动高质量发展、创造高品质生活有机结合、相得益彰。"①

在全面建成小康社会的时代背景下，人民生活水平跃上了新的大台阶，人民物质生活水平的改变，必然带来对生活质量、生活内容、生活形式等方面新的要求，有品质的生活、有品位的人生，成为全面建设社会主义现代化国家时期人民美好生活新向往、新期待、新需求的重要表现形式。中等收入群体的扩大和持续增加是经济社会长期稳定发展、经济社会结构优化的重要特征。"中等收入群体持续扩大对形成强大国内市场、推动经济高质量发展、维护社会和谐稳定十分重要。"② 此外，中等收入群体也是扩大内需，构建以国内大循环为主体，国内国际双循环、相互促进的新发展格局的重要载体人群。因而，扩大中等收入群体与创造高品质生活不但是紧密结合的时代命题，也是高质量发展的题中之义，这两点直接影响到高质量发展的"成色"。一方面，人民群众对进一步提高收入水平，优化收入结构，调整收入差距有着强烈的期待；另一方面，经济社会高质量发展与扩内需、促消费紧密相连，共同构成了国内大循环的重要循环支点，影响到需求侧的管理能不能实现优化，从而实现供给侧与需求侧更高目标上的动态平衡。

从新发展阶段国家中长期经济社会发展目标任务来看，扩大中等收入群体的战略目标影响深远，这一战略目标的实现必将重塑中国经济社会发展格局，形成经济与社会结构更加优化的新发展态势，人民生活品质也将得到更大改善，长期困扰人民生活品质的民生难点、堵点、痛点将得到缓解，中国特色社会主义制度优势，将得到进一步的彰显，人民的幸福感、获得感、安全感将进一步增强。

---

① 《习近平在参加青海代表团审议时强调坚定不移走高质量发展之路 坚定不移增进民生福祉》，《人民日报》2021年3月8日。

② 刘鹤：《坚持和完善社会主义基本经济制度》，《人民日报》2019年11月22日。

二 扩大中等收入群体与构建新发展格局

2020年全国"两会"期间，习近平总书记在看望参加政协会议的经济界委员时，首次提出了"逐步形成以国内大循环为主体、国内国际双循环相互促进的新发展格局"的战略构想，并指出："我国具有全球最完整、规模最大的工业体系、强大的生产能力、完善的配套能力，拥有1亿多市场主体和1.7亿多受过高等教育或拥有各类专业技能的人才，还有包括4亿多中等收入群体在内的14亿人口所形成的超大规模内需市场，正处于新型工业化、信息化、城镇化、农业现代化快速发展阶段，投资需求潜力巨大。"[1] 新发展格局以国内大循环为主体，14亿人口形成的超大规模内需市场是重要的载体，而其中4亿多中等收入群体更是具有巨大的消费潜能，是推动国内大循环，实现国内大循环畅通运行的重要依靠力量。

此外，中等收入群体对于国内国际双循环相互促进发展也具有重要牵引作用。"中国有近14亿人口，中等收入群体规模全球最大，市场规模巨大、潜力巨大，前景不可限量。"[2]

中等收入群体对形成新发展格局的积极意义在于无论从国内大循环，还是从国内国际双循环来看，主要体现在以其为主干形成的超大规模市场方面，"中等收入群体的扩大于形成强大国内市场、拉动结构升级具有基础作用"[3]。2018年，我国最终消费率为54.3%，对经济增长贡献率达到76.2%[4]，超大规模市场带动的超大规模消费和巨

---

[1]《坚持用全面辩证长远眼光分析经济形势 努力在危机中育新机于变局中开新局》，《人民日报》2020年5月24日第1版。

[2] 习近平：《开放合作 命运与共——在第二届中国国际进口博览会开幕式上的主旨演讲》，《人民日报》2019年11月6日第3版。

[3] 刘鹤：《加快构建以国内大循环为主体、国内国际双循环相互促进的新发展格局》，《人民日报》2020年11月25日第6版。

[4]《经济结构不断升级 发展协调性显著增强——新中国成立70周年经济社会发展成就系列报告之二》，参见 http://www.stats.gov.cn/tjsj/zxfb/201907/t20190708_1674587.html。

大投资需求潜力是谁都无法忽视的世界经济发展的活力之源。2011 年我国居民人均消费支出 10820 元,首次超过 1 万元。2019 年为 21559 元,首次迈过 2 万元大关。① 即使在疫情的影响下,2020 年全年全国居民人均消费支出 21210 元。② 此外,从 2020 年中国居民人均消费支出及构成来看,与温饱型消费已经产生很大的不同(表1)。尽管这只是中华人民共和国成立七十多年来的一个片段,实际上全国居民消费支出"内涵"上却发生了深刻的变化,这也预示着消费结构和消费品质也发生了实质性的变化。以居民食品消费为例,其实现了从匮乏到富足的跨越,2018 年城镇居民人均食品烟酒支出 7239 元,比 1956 年增长 58.3 倍。2018 年农村居民人均食品烟酒支出 3646 元,比 1954 年增长 88.1 倍。耐用消费品从无到有,不断升级换代。1956 年城镇居民平均每百户拥有自行车 6.7 辆,机械手表 10.0 只,电子管收音机 2.7 部。2018 年,城镇居民平均每百户拥有移动电话 243.1 部、计算机 73.1 台、汽车 41.0 辆、空调 142.2 台、热水器 97.2 台;农村居民平均每百户拥有移动电话 257.0 部、计算机 26.9 台、汽车 22.3 辆、空调 65.2 台、热水器 68.7 台。③ 居民消费支出的变化与经济增长同步,随着国家经济发展和进步,人民的消费能力、消费水平、消费品质也"水涨船高"。而这些奠定了中国超大规模市场带动的超大规模内需潜能。

中国目前 4 亿多人口规模的中等收入群体带动的 14 亿人口形成的超大规模市场,即使在疫情的影响下,依然显示出其带给中国经济的巨大韧性和大国经济大循环的回旋空间。2020 年我国"经济总量突破百万亿大关。全年国内生产总值达 101.6 万亿元,比上年增长 2.3%,是全球唯一实现经济正增长的主要经济体。按年平均汇率折算,2020

---

① 方晓丹:《从居民收支看全面建成小康社会成就》,《人民日报》2020 年 7 月 27 日第 10 版。

② 《中华人民共和国 2020 年国民经济和社会发展统计公报》,参见 http://www.xinhuanet.com/politics/2021-02/28/c_1127150419.htm。

③ 《人民生活实现历史性跨越 阔步迈向全面小康——新中国成立 70 周年经济社会发展成就系列报告之十四》,参见 http://www.stats.gov.cn/tjsj/zxfb/201908/t20190809_1690098.html。

年我国经济总量占世界经济的比重预计超过17%"。①

表1　　　　　　　2020年全国居民人均消费支出及其构成

居民人均消费构成	居民人均消费支出	占比
食品烟酒	6397元	30.2%
居住	5215元	24.6%
交通通信	2762元	13.0%
教育文化娱乐	2032元	9.6%
医疗保健	1843元	8.7%
生活用品及服务	1260元	5.9%
衣着	1238元	5.8%
其他用品及服务	462元	2.2%

资料来源：国家统计局。

"十四五"及2035年远景发展时期，进一步扩大中等收入群体必然会为新发展格局的加速形成，提供更广阔的市场空间。"从需求潜力看，我国已经形成拥有14亿人口、4亿多中等收入群体的全球最大最有潜力市场，随着向高收入国家行列迈进，规模巨大的国内市场不断扩张。"② 全面建成小康社会解决了几千年来困扰中华民族的绝对贫困问题，经过长期努力，我国经济总量突破100万亿元大关，人均国内生产总值连续两年超过1万美元。人民生活实现了从温饱到全面小康的历史性转变。但是，与欧美国家相比，我国中等收入群体在人口中的比例依然是偏低的，而且，大多数处于中低收入水平。③ 以中等收入群体扩大为代表的橄榄球型社会结构，不但是社会稳定的基础，也是促进国内大循环，形成可持续性国内消费市场的重要载体。可以

---

① 盛运来：《不平凡之年书写非凡答卷——〈2020年国民经济和社会发展统计公报〉评读》，http://www.stats.gov.cn/tjsj/sjjd/202102/t20210228_1814157.html。
② 刘鹤：《加快构建以国内大循环为主体、国内国际双循环相互促进的新发展格局》，《人民日报》2020年11月25日第6版。
③ 杨宜勇、顾严、万海远：《扩大中等收入群体　全面建成小康社会》，《宏观经济管理》2016年第9期。

期待的是，作为拥有 14 亿人口、4 亿中等收入人群超大市场的中国，现在正好跳过了"中等收入陷阱"，进入了人均 GDP 1 万到 3 万美元的发展阶段，还拥有非常大的潜在经济活力、发展余地和空间。[①] 而这份潜在的经济活力、发展余地、空间即是中国新发展格局持续构建的不竭动力，不断扩大的中等收入群体所带来的消费动能，超大规模市场的聚合效应，必然带动中国经济实现高质量发展的"脱胎换骨"，在这个过程中，人民的生活品质也会得到改善，有品质的消费也将成为中国市场的新消费理念和新消费特点。这也是物质生活水平提高后，人民对美好生活向往在新发展阶段、新发展格局中的具体体现。中等收入群体鲜明的生活特征与消费特征体现在有品质的生活之中。因此，要按照《建议》的要求，不断改善人民生活品质，提高社会建设水平。

三 扩大中等收入群体与创造人民高品质生活

中等收入群体所释放的巨大消费潜能必然与其收入的水平有着必然的联系，而且这也支撑起了对应的生活水平，即中等生活水平。一项研究将收入方面、财产方面、消费结构、生活方式和主观生活态度等五个方面作为中等收入群体中等生活水平的主要构成。[②] 而这与《建议》对改善人民生活品质主要方面有一定契合性。"相应地，中等收入群体的定义也不仅限于收入水平一个指标，还应该包括其他与人民生活品质相关的内容。"[③] 新发展阶段，我国社会主要矛盾已经实质性转移到人民日益增长的美好生活需要和不平衡不充分的发展之间的矛盾，人民对美好生活的向往日益强烈。新发展阶段，把改善人民生

[①] 黄奇帆：《结构性改革：中国经济的问题与对策》，中信出版社 2020 年版，第 400—401 页。

[②] 李强、赵罗英：《中国中等收入群体和中等生活水平研究》，《河北学刊》2017 年第 3 期。

[③] 蔡昉：《实现共同富裕必须努力扩大中等收入群体》，《经济日报》2020 年 12 月 7 日第 1 版。

活品质作为社会建设的首要位置，是对全面建成小康社会后，人民对美好生活向往内涵和外延的新认识。"生活品质，是指人们在经济和社会发展中获得的物质财富之多寡，享受到的各类服务水平的主观感受与满意程度。人民生活品质包括人民的客观生活品质和主观生活感受。"[1]《建议》从提高人民收入水平、强化就业优先政策、建设高质量教育体系、健全多层次社会保障体系、全面推进健康中国建设、实施积极应对人口老龄化国家战略、加强和创新社会治理等方面布局了"十四五"时期提高人民生活品质的主要方面。这些方面涉及人民生活品质的基本构成。可以说，"作为经济发展终极目标的人，通过直接获得经济收入和服务来产生获得感、幸福感和安全感，客观获得和主观感受在个体身上最终得到体现，生活品质由此得以改善"[2]。

表2　　　　　　　　2008—2018年居民时间分配变化

居民时间分配	用时		占比	
	2008年	2018年	2008年	2018年
个人生理必需活动平均用时	11小时34分钟	11小时53分钟	48.2%	49.5%
有酬劳动平均用时	4小时28分钟	4小时24分钟	18.6%	18.3%
无酬劳动平均用时	2小时30分钟	2小时42分钟	10.4%	11.3%
个人自由支配活动平均用时	3小时44分钟	3小时56分钟	15.6%	16.4%
学习培训平均用时	29分钟	27分钟	2.0%	1.9%
交通活动平均用时	75分钟	38分钟	5.3%	2.7%

资料来源：国家统计局。

2008年和2018年，国家统计局先后两次对我国居民时间利用情况进行调查，两次调查对我国居民一天中的时间使用进行了细致的统计，勾勒了我国居民时间使用的生活图景。具体从个人生理必需活动平均用时、有酬劳动平均用时、无酬劳动平均用时、个人自由支配活

---

[1] 丁元竹：《努力改善人民生活品质》，《中国发展观察》2020年第22期，第9页。
[2] 丁元竹：《努力改善人民生活品质》，《中国发展观察》2020年第22期，第9页。

动平均用时、学习培训平均用时、交通活动平均用时等六个方面调查了我国居民的时间使用情况。通过表2可以看到，2008—2018年，十年间我国居民每天的时间利用情况既有大的变化，也有小的调整，时间变化的数字背后折射的是十年来经济社会发展的巨大变迁。例如，包括睡觉休息、个人卫生护理、用餐或其他饮食活动等的个人生理必需活动，根据统计分析，与2008年相比，个人生理必需活动用时增加了19分钟，其中睡觉休息用时比2008年增加17分钟，餐饮活动用时比2008年增加4分钟，居民睡觉休息、用餐时间的增加，从一个侧面反映了居民生活方式更加健康。

统计涵盖健身锻炼、听广播或音乐、看电视、阅读书报期刊、休闲娱乐、社会交往的个人自由支配活动方面，根据统计分析，看电视的时间比2008年减少了26分钟，而休闲娱乐时间、健身锻炼时间比2008年分别增加了25分钟和8分钟。交通活动方面，2018年，居民用时比2008年减少近一半，上班族工作交通时间比2008年减少16分钟，学生族上下学交通时间减少27分钟。① 这体现出我国交通设施的完善，交通工具的便利化、便捷化程度增强，人民出行品质不断得到提升。这些微小的数字变化，反映了人民美好生活的内涵、方式、理念发生巨大变化。

与此同时，在家务劳动、陪伴照料孩子生活、护送辅导孩子学习、陪伴照料成年家人、购买商品或服务、看病就医、公益活动等无酬劳动时间方面，其中，家务劳动时间比2008年减少17分钟，陪伴照料家人（包括陪伴照料孩子生活、护送辅导孩子学习、陪伴照料成年家人）的时间比2008年增加30分钟，增长了1.3倍，其中85%的时间用于照料孩子的生活和学习。陪伴照料家人的时间占全天时间的比重为3.7%，提高了2.1个百分点。② 这一方面反映了近年来我国服务社

---

① 师金红：《过去十年居民时间分配发生较大变化反映人民生活质量稳步提高》，http：//www.stats.gov.cn/tjsj/sjjd/201901/t20190125_1646799.html。

② 师金红：《过去十年居民时间分配发生较大变化反映人民生活质量稳步提高》，http：//www.stats.gov.cn/tjsj/sjjd/201901/t20190125_1646799.html。

会化水平的提高,人民对多样化服务的需求在增长,成为居民家务劳动时间减少的主要原因之一;另一方面,家庭照料时间的增多,特别是孩子照料时间的增多,一是反映了家长对子女的重视,希望孩子成长得更好,二是反映了当前我国社会育儿成本高,家庭普遍负担较重,与2008年相比,需要花费更多的时间在子女的教育、学习、生活等方面,避免孩子输在"起跑线"上,这也代表了一种"中等收入群体焦虑"现象的存在。而在学区房问题上,所折射的一场教育均衡的"持久战"①,成为这一点的鲜明注脚,其代表的是全社会对教育资源,特别是对优质教育资源分配不均状况的关注,背后是对孩子未来发展的深刻焦虑。"一项对双生子的研究表明,我国的教育回报率仅为2.7%。尽管这样,青年白领们还是希望通过教育让孩子获得与自己同样或更高的地位,于是他们还不得不自我牺牲,花重金投资到优质教育资源上。"②

可见,十年时间分布的变化,在折射我国经济社会巨大变迁的同时,也折射了我国人民生活方式、内容、理念方面的变化。一方面,我国发展成就巨大,人民生活水平与经济社会发展同步,迈上了新的大台阶;另一方面,也要看到我国还存在发展中不平衡、不充分的问题。在涉及人民生活品质的方面,还存在城乡区域发展和收入分配差距较大,生态环保任重道远,民生保障存在短板,社会治理还有弱项等问题。习近平总书记指出:"我国已进入高质量发展阶段,社会主要矛盾已经转化为人民日益增长的美好生活需要和不平衡不充分的发展之间的矛盾,人均国内生产总值达到1万美元,城镇化率超过60%,中等收入群体超过4亿人,人民对美好生活的要求不断提高。"③

---

① 陈鹏:《学区房:一场教育均衡的"持久战"》,《光明日报》2021年4月11日,第4版。

② 雷开春:《青年白领社会焦虑现象的本质:中产地位身份威胁》,《江苏行政学院学报》2014年第5期,第64页。

③ 习近平:《在经济社会领域专家座谈会上的讲话》,《人民日报》2020年8月25日第2版。

扩大中等收入群体不但是人民对美好生活的要求不断提高的客观体现，也是我国进入新发展阶段，实现高质量发展，创造人民高品质生活，彻底破除发展不平衡、不充分问题，增进人民福祉的客观要求。"总体来说，中等收入群体应该具有在全社会处于中等水平的收入、稳定的就业、符合基本需要的居住条件、充分供给的基本公共服务、一定数量的家庭储蓄和适度的财产收入，并且具有超过基本生存需要的相关消费等。"[①] 我国人均国内生产总值超过1万美元，2020年"按照每人每年生活水平2300元（2010年不变价）的现行农村贫困标准计算，551万农村贫困人口全部实现脱贫。党的十八大以来，9899万农村贫困人口全部实现脱贫，贫困县全部摘帽，绝对贫困历史性消除。"[②] 我们历史性地消除了绝对贫困，人民收入和生活面貌发生了历史性跨越，但是站在新的历史起点，在全面建成小康社会的基础上，需要付出更大努力，需要更艰辛的奋斗，才能使人民生活更加美好。

在消除绝对贫困的同时，从2020年全国居民五等份收入分组来看：低收入组人均可支配收入7869元，中间偏下收入组人均可支配收入16443元，中间收入组人均可支配收入26249元，中间偏上收入组人均可支配收入41172元，高收入组人均可支配收入80294元。[③] 人民收入的总体水平与发达国家还有差距，分布也不近合理。低收入、中低收入占比还比较大，6亿低收入人群主要分布在农村，而且广大农民的财产性收入占全部收入的比重始终停留在3%，4亿中等收入群体与6亿低收入群体并存，还存在脱贫人口返贫的压力。[④] 此外，房价高企，特大城市新市民、青年住房难；"看病难""看病贵"在一定程度上还广泛存在；教育资源配置不均衡，教育焦虑体现在"学区房"

[①] 蔡昉：《实现共同富裕必须努力扩大中等收入群体》，《经济日报》2020年12月7日第1版。

[②] 《中华人民共和国2020年国民经济和社会发展统计公报》，参见 http：//www. xinhua-net. com/politics/2021－02/28/c_ 1127150419. htm。

[③] 《中华人民共和国2020年国民经济和社会发展统计公报》，参见 http：//www. xinhua-net. com/politics/2021－02/28/c_ 1127150419. htm。

[④] 黄奇帆：《结构性改革》，中信出版社2020年版，第408—409页。

的价格中；老龄化社会来袭，养老压力挥之不去……深刻影响人民生活品质的提高，也成为影响人民幸福生活的"痛点"。可见，扩大中等收入群体，进一步提高人民的物质收入水平是整体经济社会发展格局的重中之重。这也是解决好持续增长与收入分配差距过大之间的冲突，跨越中等收入陷阱的关键①，更是"国之大者"。习近平总书记深刻地指出："'十四五'时期如何适应社会结构、社会关系、社会行为方式、社会心理等深刻变化，实现更加充分、更高质量的就业，健全全覆盖、可持续的社保体系，强化公共卫生和疾控体系，促进人口长期均衡发展，加强社会治理，化解社会矛盾，维护社会稳定，都需要认真研究并作出工作部署。"②

党的十九届五中全会进一步深化了对人民发展需求和期待的深刻认识，进一步提出了改善人民生活品质的发展目标。这是在全面建成小康社会基础上，对人民发展要求、发展期盼，对人民美好生活向往需求不断满足的呼应。《纲要》明确提出坚持深化改革开放，破除制约高质量发展、高品质生活的体制机制障碍，实施扩大中等收入群体行动计划是重要的战略部署，并将扩大中等收入群体列为更加积极有为地促进共同富裕的重要方面。这对于创造人民高品质生活具有积极的社会发展意义，有利于促进人的全面发展和社会全面进步，实现更高质量、更有效率、更加公平、更可持续、更为安全的发展。

四 扩大中等收入群体的路径

扩大中等收入群体不但对于构建新发展格局，而且对于创造高品质的人民生活均具有积极的意义。从全球范围看，一项研究表明，2009 年欧洲地区的中产阶层人数为 6.64 亿人，占当时全球中产阶层

---

① 张军：《坚持改革开放和扩大中等收入群体是跨越中等收入陷阱的关键》，《经济研究》2017 年第 12 期。

② 习近平：《在经济社会领域专家座谈会上的讲话》，《人民日报》2020 年 8 月 25 日第 2 版。

总人数的36%，而美国中产阶层占全球的12%。① 中产阶层的存在成为这些国家和地区经济发达以及全球市场及规则制定的主要话语权和实力来源。但是，自2008年国际金融危机之后，中产阶层的进一步大量消失，中产阶层人群受危机影响进入低收入或社会底层，也成为以美国为代表的西方社会进入社会动荡和社会运动此起彼伏发生的主要根源。② 美国拜登政府也将"重建美好生活"，重建美国中产社会作为其经济和社会政策的施政重点，也是看到了中产阶层对于经济社会稳定发展的重要意义和作用。③ 扩大中等收入群体不单纯是一个增加居民收入的问题，而是实现经济、社会结构重塑、重构的过程，在中国就是实现高质量发展的问题。我国有14亿人口，但是中等收入群体仅有4亿人口，从现在到2035年基本实现现代化，"把人口意义上的中间群体转化为经济社会意义上的中等收入群体，以增强经济发展的共享性，提高基本公共服务的均等化供给，改善收入分配状况"④。

因此，必须在全面建成小康的基础上，在新发展阶段，进一步扩大中等收入群体，促进经济、社会结构，特别是社会结构进一步优化，实现经济、社会更加平衡、充分的发展。

扩大中等收入群体首要在于积极提高劳动生产率，以劳动生产率的提高带动劳动者收入的提高。《纲要》提道，"坚持居民收入增长和经济增长基本同步、劳动报酬提高和劳动生产率提高基本同步，持续提高低收入群体收入，扩大中等收入群体，更加积极有为地促进共同富裕。"⑤ 劳动力是一种特殊的生产要素，跨过"中等收入陷阱"，做

---

① 霍米·卡拉斯：《中国向高收入国家转型：避免陷入中等收入陷阱的因应之道》，《比较》2011年第5期。

② 马峰：《难以逃离的不平等：新物质匮乏时代美国青年的成长境遇分析》，《中国青年研究》2020年第11期。

③ Deborah. D Souza. Joe Biden's Economic Plan, 参见 https：//www.investopedia.com/joe-biden-s-economic-plan-save-the-middle-class-4769869#the-american-middle-class。

④ 蔡昉：《社会中间群体如何真正转化为中等收入群体》，《领导决策信息》2018年第6期，第10页。

⑤ 《中华人民共和国国民经济和社会发展第十四个五年规划和2035年远景目标纲要》，《人民日报》2021年3月13日第1版。

大经济发展的"蛋糕",实现"水涨船高",重点在于不断提高劳动生产率。因此,要发挥劳动力市场初次分配收入增加的作用,坚持按劳分配为主体、多种分配方式并存,提高劳动报酬在初次分配中的比重。同时,进一步完善财富分配机制,以再分配的方式,通过税收、社会保障、转移支付、慈善等方式加大收入调节力度,实现收入分配结构优化。"要增加低收入者收入,扩大中等收入群体,调节过高收入,逐步形成橄榄型收入分配格局。"①

其次在于实施更加积极的就业政策,进一步扩大就业,提高劳动年龄人口的劳动参与率和就业率。"就业是最大的民生,也是扩大中等收入群体之源。"② 目前,我国"乡村中 8300 万在私营企业工作的农民工和 6000 万个体就业者就业也不充分。2021 年,我国大学生毕业数量接近 900 万人,再加上 2020 年未就业的大学毕业生,就业压力仍然很大"③。因此,要把保就业、创造更多高质量的就业岗位放到政策实施更加突出的位置。一方面,实施就业供给侧结构性改革,提高就业人员与就业岗位的匹配度,提高就业效率;另一方面,在世界形势不稳定的情况下,进一步实施援企稳岗制度,并将其建立成长效机制,作为国家治理体系现代化建设的重要方面。努力实现以就业为核心的经济、社会发展政策制定与实施。

再次在于实施更加积极有效的公共服务与社会保障政策。"社会保障是民生安全网、社会稳定器,对于解除人民生活后顾之忧、促进社会公正和谐、维护国家长治久安具有重大作用。"④ 在我国,目前中等收入群体无疑是经济增长的受益者,在大多数人看来,中等收入群体的生活环境、生活品质等表现得不错,而且有着高薪、享受着高档宾馆、写字楼的体面生活,大多受过良好的教育,从工作能力、收入

---

① 刘鹤:《坚持和完善社会主义基本经济制度》,《人民日报》2019 年 11 月 22 日第 6 版。
② 詹成付:《多措并举,扩大中等收入群体》,人民网,2021 年 1 月 19 日。
③ 祝宝良:《2021 年中国经济走势及政策建议》,《中国经济报告》2021 年第 1 期,第 8 页。
④ 李培林:《推动高质量发展 创造高品质生活》,人民网,2021 年 1 月 12 日。

到工作环境，令人羡慕。① 但是，我国中等收入群体的扩大还面临诸多社会风险，焦虑、不安全感成为这一群体"光鲜"外表之外的另一特征。目前，中等收入群体刚性支出较大，在高房价、高物价的背景下，往往需要背负高昂的房贷、养老医疗和子女养育成本。②

因此，实施有效的公共服务与社会保障政策，可以有效减少居民支出，增加可支配收入。同时，有利于减少中等收入群体滑入低收入群体的风险，巩固中等收入群体规模。"提高各种社会保险制度的保障水平和覆盖率，通过社会政策托底来保障和改善民生。"③ 要按照"十四五"规划的要求，着力在健全多层次社会保障体系上持续发力，促进公共服务均等化。一方面，可以提高中等收入群体的"安全感"，让人民"有钱"敢"花钱"，促进国内大市场进一步蓬勃发展；另一方面，减少社会焦虑，降低社会带风险运行度，促进经济社会长期稳定。此外，还要着力解决好大城市新市民、青年的住房困难，以进一步的住房制度改革为核心，牵引经济社会更加均衡发展，逐步完善市场教育、医疗、住房、养老等生存必需型社会保障非市场化配置。

最后要进一步深化教育改革，实现教育均等化，提高教育数量、质量，促进人力资本的提升。"机会公平中，教育公平是最大的公平。"④ 有关研究表明，受教育程度越高一般收入也越高，中等收入群体和高收入群体，接受过高等教育的比例明显高于其他群体⑤，教育在促进社会流动，实现阶层跃升方面可以说有时发挥着"唯一"的作用。这也是前文所述，众多家庭焦虑子女未来的主因所在。而且，接

---

① 向德平、田北海：《对白领焦虑症的社会学思考》，《社会》2003 年第 5 期，第 32—34 页。

② 杨宜勇、吴香雪：《中等收入群体：功能定位、现实困境与培育路径》，《社会科学文摘》2017 年第 2 期，第 61 页。

③ 蔡昉：《实现共同富裕必须努力扩大中等收入群体》，《经济日报》2020 年 12 月 7 日第 1 版。

④ 《李克强总理出席记者会并回答中外记者提问》，《人民日报》2021 年 3 月 12 日第 1 版。

⑤ 田丰：《中等收入群体变动趋势和结构性分析：2006—2015》，《河北学刊》2017 年第 2 期。

受教育，特别是高等教育也是大学生为代表的青年群体进入白领群体为代表的中等收入群体的主要途径。①

因此，一方面，进一步提高高等教育的公平性，提高高等教育质量，保持高等教育招生规模的稳定性，畅通在职教育渠道，建立终身学习型社会，加大教育社会救助力度，兜住教育公平的底线，阻断贫困的代际传递；另一方面，加大人力资本投资力度，持续推进人力资本开发，从客观条件来看，自 2011 年起，我国 15—59 岁的劳动年龄人口即处于负增长阶段。② 实现从人口红利向人才红利的转变，已然是中国经济保持中高速发展的客观要求。这就需要加大力度普及高中阶段教育，把教育看作是一个人力资本培养的过程，通过教育提升，特别是高中阶段教育的普及，带动整体的中低收入、低收入家庭子女进入高等教育的机会，推动整体社会流动性的提高，带动中等收入群体的扩大，实现人的资源向人才资源的转化，促进人力资本整体带动经济社会高质量发展的带动作用。

五 结论

"事实证明，发展起来以后的问题不比不发展时少。我国社会结构正在发生深刻变化，互联网深刻改变人类交往方式，社会观念、社会心理、社会行为发生深刻变化。"③ 扩大中等收入群体是我国经济社会发展进入高质量发展阶段的发展特征所决定的。高质量发展的影响是多方面，涉及经济社会发展的整体性而不是简单地改变既往以高能耗、高排放、高污染为特征的粗放型经济增长方式。高质量发展是建立在我国社会主要矛盾发生转移基础之上的，重点在于将新发展理念贯穿发展的各领域、全过程，以高质量发展破解人民美好生活向往与

---

① 勾金华：《高等教育大众化与大学生的中产梦》，《社会观察》2014 年第 5 期。
② 蔡昉：《强化人力资本：扩大中等收入群体的源与径》，《中国人大》2016 年 9 月 5 日。
③ 习近平：《在经济社会领域专家座谈会上的讲话》，《人民日报》2020 年 8 月 25 日第 2 版。

不平衡、不充分发展之间的矛盾,促进人民生活更加幸福,而扩大中等收入群体无论在国际发展实践,还是我国国内发展环境变革来看,都具有决定性意义。这不单是扩大内需、促进消费的问题,而是更广阔的促进经济、社会结构更加优化,实现经济与社会发展均衡化的过程,以结构性改革为重要牵引力,也是实现社会长期繁荣稳定的根本之策。

扩大中等收入群体对于新发展格局的构建、实现人民生活品质的改善无疑是至关重要的。在目前全球疫情依然肆虐,世界经济发展的不稳定、不确定高企,我国所面临的外部环境依然严峻的情况下,办好自己的事,稳定住中国经济社会发展的基本盘是至关重要的一环。"中国发展的根本目的是要让中国人民过上好日子,中国还是一个发展中国家,实现现代化还有很长的路要走。"[①] 中国经济保持长期稳定的发展态势,人民生活水平保持与经济增长的同步提升,这是我国应对一切内外部风险挑战的底气所在。因此,在基本实现现代化的进程中,需要加大改善人民生活品质,提高社会建设水平力度,坚定实施扩大中等收入群体行动计划,调整收入分配结构,优化收入分配结构,更大力度促进改革发展的成果惠及广大人民群众。

[①]《李克强总理出席记者会并回答中外记者提问》,《人民日报》2021年3月12日第1版。

第二篇

乌克兰中产阶层研究

中产阶层与社会结构演化

一 大型和小型社会单元的分析方法

在构建社会结构及其组成部分（包括中产阶层）的推测模型时，需要确定基本的研究概念。因此在研究之初，我们将首先阐明"社会（社会群体、社会阶层）结构"的类别，其次阐明社会结构分析类别的现代框架，再次是阐明"阶层"（class）概念及其与"等级"（section）和社会分层（stratum）概念的区别。

传统上，社会哲学将社会结构解释为个人团体的关系与互动[1]，是一组层段[2]，是一组相互关联、彼此互动的社会群体、等级、团体以及它们之间的关系。[3] 换句话说，社会结构差不多等同于分层。在这种解释中，对社会结构的分析简化为对社会团体（等级、阶层）结构的描述。而且，在马克思主义传统中，阶层划分是最重要、最具实质性的，具有通用解释能力：人们认为，从地缘政治现实到人们的日

---

[1] Антонов Н. А. Понятие «социальная структура» в современной социологии/ Н. А. Антонов//Социологические исследования. – 1996. – № 7. – С. 35 – 47.

[2] Заславская Т. И. Социальная структура современного российского общества/ Т. И. Заславская//Общественные науки и современность. – 1997. – № 2. – С. 17 – 26.

[3] Социология. Наука об обществе: Учебное пособие/ [под общ. ред. проф. В. П. Андрущенко, проф. Н. И. Горлача]. – Х.: Институт востоковедения и международных отношений, Харьковский коллегиум, Кафедра истории, философии и политических наук, 1996. – 688 с.

常互动,几乎所有事情都能变成社会进程主体的阶层划分和阶层利益。①

同时,现代社会学并不局限于阶层,由于其他因素而丰富了社会结构的概念。例如,彼得·什托姆普卡(Piotr Sztompka)将社会结构划分为四个层次。

第一个层次为规范层,涂尔干(E. Durkheim)和结构功能派追随者的著作对此进行了研究。它是一个由个人之外的规则、规范、价值观和制度组成的网络,确保行为恰当、符合预期,并对行为偏差发出警告。规范结构严重限制行为主体的行动,并影响个人的真实行为。

第二个层次为理想层,是现象学社会学代表所描述的一系列关于现实的想法、信念、模式和惯例,体现在相关信条和意识形态之中,以及人的行动中。在日常生活中,个人不断与监管惯例和模式发生关系,但这些惯例多为暗中存在,其对于外部观察者来说总是难以观测。

第三个层次为行动层,这是交换理论、符号互动论、行为主义和网络分析倡议者通常所呼吁的。在这种情况下,个体的互为导向和互惠行动成为研究的主题。

只有第四个层次与社会的阶层和团体结构、分层和流动相关,即:不平等获取资源及个人在生产、消费和声望等级结构中的位置。这一层次的局限性很明显,因为行为主体受到差异化和分层化空间资源定位不均衡这一事实的限制。②

社会结构和社会团体结构最好能够提供:

(1) 相对平等的个人生活机会或机遇,助其实现其能力和获取个人资源;(2) 精英化的收入、物质利用和社会利益分配原则,以促进更加复杂、负责任、有效的活动为基础;(3) 相对自由的社会流动个人轨迹选择,其体现为专业、官方和有足够强度的区域流动,特别是

---

① Макеев С. Процессы социальной структуризации в современной Украине/С. Макеев// Политические исследования. –1998. – No 3. – C. 49 – 60.

② Макеев С. Процессы социальной структуризации в современной Украине/С. Макеев// Политические исследования. –1998. – No 3. – C. 49 – 60.

持续攀升的下层阶层和中产阶层代表的流动性；（4）行为主体在选择履行其社会角色和体现其创意理念的方式（任何情况下，在非常困难的活动领域）时的充分独立性。

扎拉夫斯卡瓦（T. Zaslavskaya）认为，具有上述特点的社会结构可能有助于在个人和团体之间合理分配角色和地位，有助于更有效地扮演复杂和具有社会意义的角色。大多数个人认为社会结构公平合理，这巩固了社会的文化融合、社会容忍度的增长、团体与阶层之间的合作关系、社会政治制度的稳定。[①]

不平等是社会制度的一个显著特点。阶层差异构成了现代社会中经济不平等的核心。一些理论家表示，高度不平等根本无助于经济进步；实际上，它的作用与经济进步背道而驰。[②] 大多数学者认为，不平等（或分层）是特定经济条件和社会条件的结果。在分层概念中劳埃德·瓦尔纳（Lloyd Warner）的声誉理论提出了相反观点。在 20 世纪 30 年代和 40 年代，瓦尔纳对居住社区的阶层制度进行了全面研究，他将该社区称为"扬基城"。

对上述阶层制度的分析是根据社区成员对彼此的表述进行的。因此，人们自己确定了某些居民的阶层归属。这实际上是一种"声誉"理论，因为瓦尔纳根据社区其他成员所评定的地位，也就是声誉，确立了人们的阶层归属。

瓦尔纳在扬基城识别出六个不同阶层：

（1）上部上层阶层，包括富人，但最重要的是"贵族"出身；（2）下部上层阶层，也包括高收入人群，但他们并非来自贵族家庭。其中很多人最近才变得富裕起来，喜欢吹嘘和炫耀奢侈服装、奢华珠宝和汽车；（3）上部中产阶层，包括从事脑力劳动的高学历人士以及

---

① Заславская Т. И. Человеческий потенциал в современном трансформационном процессе/ Т. И. Заславская//Общественные науки и современность. – 2005. – No 3. – C. 5 – 17.

② Култыгин В. П. Исследования социальной структуры в переходных обществах（Историко – методологический обзор）/В. П. Култыгин//Социологические исследования. – 2002. – No 4. – C. 121 – 129.

高收入商务人员：医生、律师和资本所有者；（4）下部中产阶层，以职员和其他白领工人（秘书、银行柜员、办事员）为主要代表；（5）上部下层阶层，包括"蓝领工人"——工厂工人和其他体力劳动者；（6）下部下层阶层，包括最贫穷、受压迫的社区成员，与马克思所描述的流氓无产阶层非常相似。[①]

财富的概念涵盖个人所拥有的所有类型的财产：现金、储蓄和银行账户、股份、贷款、房产本身、其他类型的投资。收入是指雇工的工资和薪水以及投资所得。拥有大量财富、特别是世代相传的财富，是上层阶层的主要特点，是与西方社会其他阶层和群体的区别所在。

中产阶层主要由占据"白领"位置的人组成。分为旧中产阶层（例如：小企业主）、上层中产阶层（管理人员、高素质专业人员）和下层中产阶层（办公室工作人员、护士等）。通常，工人阶层联合了从事体力劳动的"蓝领"行业的人。

下层阶层（底层阶层）由长期贫困且没有固定工作的人组成。大多数下层阶层代表属于少数族裔。

社会分层意味着社会上不同群体之间存在社会不平等的现象。四个基本分层制度是奴隶制度、种姓制度、庄园制度和阶层差异。"阶层"概念是工业社会阶层分析中的重要组成部分。值得一提的是，现代科学中所有三个类别——阶层、等级和社会分层是共存的，很多作者常常将其用作同义词。但这些概念并不互斥，而是互补的。

将人们联合成社会群体的方式在互动多样性中扮演着特殊角色，这种联系是在需要团结和对联合行动进行协调的基础上出现的。社会群体是许多参与各种社会经济和文化过程，并开展某些联合活动，从而形成彼此有某种联系的人的有效联合体。

以因需要联合、团结、协调共同努力而形成的联系为基础的社会群体称为社会团体。地位等级——群体和阶层，在社会团体中占有特殊位置。他们是在社会不平等基础上出现的较大群体，内部社会控制

---

① Смелзер Н. Социология/Смелзер Н.；[пер. с англ.].-М.：Феникс，1984.-688 с.

力低。然而，后者可以随着个人对其属于某个地位团体的意识的增强而扩大。划分社会等级的依据不是任意符号，而只是一个在这个社会上客观取得一个等级角色的符号。换句话说，正如萨梅多夫（V. Samedov）所指出的，等级是根据社会所实践的、经过鉴定、由社会规范确定、得到普遍共识支持的特别重要的特点而划分的。社会等级是一个社会团体，其成员通过共同特点联合在一起，并且有相同的地位。[1]

在分析社会阶层时，"社会等级"概念是最重要的。身份地位利益和复制品的不同利用方式形成不同社会阶层代表的不同生活方式，使一个群体的成员有别于其他社会团体的代表。生活方式的主导作用体现在以下事实中：某个等级成为支持惯例的载体，惯例又将等级保持原样。该等级是形成该阶层的社会基础。

"社会分层"和"阶层"的概念是相互依存的。社会划分为等级，等级甚至存在于最原始的制度中，也就是村社制层面。社会的经济和文化发展水平越高，人与人之间不同方面的社会不平等就体现得越清晰。中间等级可以作为一个例子，是平民阶层的历史继承人。[2]

此外，在阐明"社会分层"和"阶层"的区别时，需要从理论上关注以下几点：德国政治学家、社会哲学家和社会学家达伦多夫（R. Dahrendorf）阐明，阶层形成一个等级体系（等级连续体），因渐进差异而彼此不同，而"阶层始终是一个旨在分析社会冲突动态及其结构性根源的类别，因此它可以和社会分层清晰地区分开来，作为一个描述某一时间等级制度的类别"[3]。

达伦多夫提出了以下想法：不是将社会作为一个保持平衡的静态稳定系统，而是作为一个主要在大大小小持续不断的政治、社会、民

---

[1] Самедов В. А. Средний слой или класс? /В. А. Самедов//Преподавание истории в школе. – 2002. – № 3. – С. 28 – 33.

[2] Самедов В. А. Средний слой или класс? /В. А. Самедов//Преподавание истории в школе. – 2002. – № 3. – С. 28 – 33.

[3] Darendorf R. Class and Class Conflict in Industrial Society/Darendorf R. – L. , 1959. – P. 76.

族种族等种类冲突的过程中经受变革的系统进行分析。达伦多夫认为，这种冲突决定了社会变革的方式和性质。该学者认为，这是有必要对与特定时间、国家情况、区域情况和其他情况相关的社会变革的预期模式进行研究的原因所在。达伦多夫还将阶层斗争与某种冲突联系起来。①

克劳斯（I. Kraus）用以下方式对分层和阶层划分进行区分。"分层和阶层划分是不同的关系结构。分层是一个描述性概念，意味着根据收入、教育、生活方式、种族本源等相关标准对社会成员进行排序……阶层是冲突团体联合在一起，共同挑战现有的权力划分、优势和其他机遇……当一群个人确定其利益类似于同一群体其他人的利益、并且与另一个个人群体的利益截然相反时，就形成了阶层……"②

吉登斯（A. Giddens）认为"分层"是通用的，"阶层"则与物种有关。在分析西方社会的分层和不平等问题时，该学者将主要社会团体称为阶层（"上层阶层""中产阶层""下层阶层"），它们并非彼此对立，而是构成一定的社会等级制度。③

索罗金（P. Sorokin）的分层理论对社会阶层结构相关问题的科学论证产生的影响最大。社会分层就是根据等级级别，以上下等级的方式将某一人群分化成阶层。分层的依据和本质以某一群体各成员的权利和特权、责任和职责的不平等分配、有无社会价值、权力和影响为中心。分层方式尽管各种各样，但可以区分出三大方式——经济、政治和专业分层。基于其中一个参数属于上层的人，通常按照其他特征

---

① Рябіка В. Формування "середнього класу" в умовах сучасного суспільного розвитку/В. Рябіка//Політичний менеджмент. – 2004. – № 3. – С. 3 – 9.

② Kraus I. Stratification, Class and Conflict./Kraus I. – N. Y., 1976. – P. 12. Ковалиско Н. Социальная стратификация: теоретические и методологические основания исследования на региональном уровне/Н. Ковалиско//Социология: теория, методы, маркетинг. – 2006. – № 3. – С. 137 – 152.

③ Гидденс Э. Социология/Гидденс Э.; [пер. с англ.; общ. ред. Л. С. Гурьевой, Л. Н. Иосилевича]. – М.: Эдиториал УРСС, 1999. – 704 с.

也属于上层。①

索罗金认为，不论研究主题是什么——经济、政治或职业分层，人们都必须注意两个独特现象：整个团体的兴衰和团体内部分层的增减。在第一种情况下，我们论述的是社会团体的财富、权力或职业地位的增长，就像我们在谈论贵族的衰落或资产阶层的崛起时一样。在第二种情况下，我们关心的是成员之间在团体内部财富、权力或职业声望方面，分层金字塔高度和陡度的增减——例如，当我们说美国黑人人口现在享有的分层地位高于20世纪初时。②

索罗金认为，团体与社会可以根据其在社会流动密集性和普遍性方面的差异加以区分。可能存在几乎没有垂直流动的分层社会，其他分层社会通常有垂直流动。索罗金坚持认为社会流动是一种社会交换方式，社会流动并非主要关注个人在社会上的等级（其位置），而是社会团体之间的交换。通过促进个人在社会空间的流通，这种交换可增加或减少各团体及其流动阶层的比重和权力。③

因而，社会结构是一个客观的预期模型。现代社会最重要的社会结构要素是阶层。

人类社会按照最一般的原则（标准，通常并不仅仅是收入水平，还有工作类型、教育乃至居住地）划分为社会阶层。社会阶层的属性可包括：适当的社会地位、职业、教育背景、收入水平、行为老套化趋势；阶层界限开放性，即从一个阶层转移到另一个阶层的

---

① Сорокин П. Человек. Цивилизация. Общество/Сорокин П./［общ. ред. Согомонов А. Ю.］. - М.：Политиздат，1992 - 542 с.

② Козер Льюис А. Мастера социологической мысли. Идеи в историческом и социальном контексте/Козер Льюис А./［пер. с англ. Т. И. Шумилиной；под ред. д. ф. н.，проф. И. Б. Орловой］. - М.：Норма，2006. - 528 с.

③ Козер Льюис А. Мастера социологической мысли. Идеи в историческом и социальном контексте/Козер Льюис А./［пер. с англ. Т. И. Шумилиной；под ред. д. ф. н.，проф. И. Б. Орловой］. - М.：Норма，2006. - 528 с.

机会。①

因此，一般来说，现代科学将社会阶层定义为通过在经济体系中所占的位置以及在对待权力、剥削和平等的态度连续体中的位置联合在一起的大型人群。社会阶层是同质的、比较稳定的、按等级组织的社会团体，它们有共同的利益、价值取向和行为模式。

阶层制度在以下四个主要方面有别于奴隶制度、种姓制度和庄园制度②：

（1）阶层制度是灵活可变的。和其他类型的阶层不一样的是，阶层不是通过法律或宗教程序创建的。阶层之间的界限从来不是固定的或者被清晰界定的。不同阶层的人之间通婚没有正式限制；

（2）在很大程度上，阶层定位是开放包容的。阶层成员资格并不像其他类型的分层制度那样只是在出生时得到的。社会流动，也就是在阶层结构中上下移动比在其他类型的结构中更常见；

（3）阶层归属是由经济决定的。阶层取决于个人团体之间的经济差异，取决于拥有不平等的物质资源。在其他类型的分层制度中，非经济因素很重要（比如：印度种姓制度中的宗教信仰）；

（4）阶层制度是大规模和客观的。在其他类型的分层制度中，不平等首先是以农奴与贵族、奴隶与奴隶主、上层和下层种姓代表之间的个性化义务和职责关系来表示的。相比之下，阶层制度倾向于通过失去个性的大规模联盟来运行。例如，一个主要的阶层差异是劳动报酬和劳动条件的不平等。

不同作者在"阶层"的定义中读到了不同内容。熊彼特（J. Schumpeter）把社会阶层鉴定为：（1）"独立于研究人员的活动之外"存在的一种真实现象；（2）一种活的有机体，一种能够思考、有

---

① Бурега В. В. Средний класс как основа социальной стабильности. /В. В. Бурега//Вісник Харківського національного університету ім. В. Н. Каразіна. " Соціологічні дослідження сучасного суспільства： методологія, теорія, методи". -2001. - № 511. - C. 23 - 31.

② Култыгин В. П. Исследования социальной структуры в переходных обществах (Историко - методологический обзор) /В. П. Култыгин//Социологические исследования. -2002. - № 4. - C. 121 - 129.

感觉和行为的生物（整体、动态的身体）；（3）因"研究人员的分类活动而存在"的一个类别。就此而言，该学者认为第三点是阶层作为一种真实现象的苍白抽象概念。①

不平等拥有和控制物质资源导致了阶层的产生。关于个人的阶层地位，吉登斯认为，至少在某些方面是通过人实现的，而不仅仅是在出生时得到的。斯梅尔瑟（N. Smelser）分析了这一概念，指出阶层以大量社会团体的存在为支撑，这些社会团体拥有不平等获取物质财富和权力的机会及不平等的声望，他们在社会上所占的地位有时使其成为有影响力的政治团体。②

如今，除了在社会生产中的位置、与生产资料的关系、在社会劳动组织中的角色、所消费社会财富的份额、权力行为的执行水平、社会声望等基本要素，"阶层"类别还包括一个重要的企业意识要素。企业意识是由历史决定的社会团体成员对其在现有社会关系体系中的地位及其企业需求和利益的意识水平。这一概念的特点是，政治要素、心理要素和思想要素之间唇齿相依。

尽管"社会阶层"概念的定义方法多种多样，但社会科学中通常有两种相关问题的研究方法：分层和结构性阶层③。

分层方法认为，社会阶层是某种类型的社会分类（等级和群体）。社会等级是所有在全球社会体制结构中占据不同位置的社会经济团体，

---

① Савчук В., Зайцев Ю. Методологія соціальної стратифікації Й. Шумпетера та природа середнього класу як інститут сучасної економічної системи/В. Савчук, Ю. Зайцев//Україна: аспекти праці. Науково－економічний та суспільно－політичний журнал. － 2004. － № 2. － С. 22－30.

② Самедов В. А. Средний слой или класс? /В. А. Самедов//Преподавание истории в школе. － 2002. － № 3. － С. 28－33.

③ Навроцкая Н. А. Экономические закономерности развития среднего класса：дис. … канд. экон. наук：08. 01. 01/Навроцкая Н. А. － Днепропетровск，2004. － 202 с. Гидденс Э. Стратификация и классовая структура/Э. Гидденс//Социологические исследования. － 1992. － № 9. － С. 112－123. Радаев В. В. Экономическая социология（курс лекций）/Радаев В. В. － М.：АСПЕКТ Пресс，1997. － 368 с.

它们之间存在社会不平等。① 分层方法还主张应当用不同的差异化标准（性别、年龄、职业等）来考虑社会空间的多维方面。②

在结构性阶层方法内，阶层主要被视为在生产关系体系中占据某种地位的团体，焦点则放在经济基础上。生产力的变化影响生产关系。

社会分层理论有三个经典趋势：马克思主义、韦伯理论和功能主义。③ 马克思主义理论认为，根据特定社会结构内的生产确定方式，也可区分社会阶层。马克思写道："首先，经济条件将人口大众变成了工人。资本至高无上为大众创造了相同地位和共同利益。因而，大众已经是与资本有关的阶层了，但不是为了自己。在斗争过程中……大众联合起来，我们将其解释为一个为了自己的阶层。"④ 按照马克思主义方法论，不同阶层（团体）在社会上的地位主要是由经济关系体系决定的，即马克思主义创始人将经济标准视为阶层划分的依据。马克思表示，阶层"因存在总是被清晰表达、能够实际感知到的物质条件"而出现，"在这种条件下，每一个时代的社会都能产生和交换必要的生存手段"⑤。

阶层是在生产组织中履行相同职能的人的群体。因此，和其他具有共同命运的人群不同的是，具有自我认同感的阶层的出现需要一套适当的条件，包括连接阶层成员的沟通网络、足够的人口大众集中度、共同的敌人和某种形式的组织。只有在"理想"利益和"物质"利益（如韦伯所定义的）趋同、也就是经济和政治需求与

---

① Голенкова З. Т. Динамика социокультурной трансформации в России/З. Т. Голенкова// Социологические исследования. –1998. –№ 10. –С. 138 –147.

② Сорокин П. С. Социологические теории современности/Сорокин П. С. ［пер. с англ.］. –М.：Политиздат, 1992. –543 с.

③ Радаев В. В. Экономическая социология（курс лекций）/Радаев В. В. –М.：АСПЕКТ Пресс, 1997. –368 с. Навроцкая Н. А. Экономические закономерности развития среднего класса：дис. ... канд. экон. наук：08.01.01/Навроцкая Н. А. –Днепропетровск, 2004. –202 с.

④ Маркс К., Энгельс Ф. Нищета философии/К. Маркс, Ф. Энгельс. Сочинения. –Т. 4. –615 с.

⑤ Маркс К., Энгельс Ф. Сочинения/К. Маркс, Ф. Энгельс. –2 –е изд. –Т. 19. –670 с.

道德和思想需求相结合的情况下，具有自我认同感的阶层才会出现。①

韦伯将阶层解释为具有经济基础的团体。② 韦伯假设了一种更加复杂的社会分层，将其放在劳动力市场上。虽然韦伯对某些目标采用了二元模式，但他表示坚持多元阶层的概念。他根据两个标准区分出两大群体——财产阶层和营生阶层。第一个标准是用于营利的财产类型；第二个标准是市场上所提供服务的类型。随着划分为两个类型——创造财产（食利者）和获取财产（企业家阶层），财产类型迥然各异，并且能够产生不同的利益，视财产类型而定，特别是房屋、车间、农用土地以及可以兑换金钱的任何物品等类型的财产。因而，韦伯的方法旨在区分出像所有权形式一样多的阶层。③ 韦伯指出在划分阶层时主要标准应当是阶层代表的经济利益，但拥有生产资料与否不是必要的标准。这种方法在现代科学中取得了优势。正是韦伯的著作将"中产阶层"或"中等层段"概念引入科学知识之中。

韦伯提出了自己的阶层划分标准。对于韦伯来说，阶层差异不仅基于和生产资料相关的差异，而且还基于影响人们所开展工作类型的专业技能或资格（生活机会）。该学者还考虑了市场能力等标准，市场能力的主要来源是资本和教育（资格）。因而，依据拥有资本与否、劳动力市场上对个人教育潜力、专业和资格的需求，形成了韦伯所说的阶层。

韦伯认为，"社会阶层包括：（1）作为一个整体的工人阶层，劳动标准化过程促进了该阶层种类的形成；（2）小资产阶层；（3）知识

---

① Козер Льюис А. Мастера социологической мысли. Идеи в историческом и социальном контексте/Козер Льюис А. / ［пер. с англ. Т. И. Шумилиной； под ред. д. ф. н. ， проф. И. Б. Орловой］. - М. : Норма, 2006. -528 с.

② Weber M. Economy and Society. - Vol. 1./Weber M. - Berkeley. - University of California press, 1978. -480 p.

③ Доманьский Х. Формирование среднего класса в Польше: движущие силы и препятствия/Х. Доманьский//Социология: теория, методы, маркетинг. - 2006. - № 3. - C. 52-80.

分子和专业人员（所有种类的技术人员、脑力劳动代表、行政机关雇员），他们没有财产，而且按照所接受教育的成本存在极大的内部差异；（4）因财产和教育而形成的特权阶层"①。因此，该学者将社会分为四个阶层：（1）资本所有者阶层；（2）知识分子和管理者阶层；（3）传统小资产阶层；（4）工人阶层。②

韦伯的分层理论引入了额外的"地位群体"这一结构类别。根据人们的消费状况（模式），而不是根据其在市场关系或生产过程中的位置，将其归类到相应群体。

阶层可能是也可能不是联合群集（联盟）。和阶层不同的是，地位群体通常是由通过体现其生活方式的理念，或者通过荣誉或他人的尊重而聚集在一起的人组成的联盟。这样能够限制与不属于其圈子的群体的社会联系，因此确保了与地位较低的人保持社交距离。

韦伯确信，每个社会都可以像划分成阶层那样划分成拥有不同生活方式和世界观的团体和阶层。然而，地位和阶层团体有时可能会发生利益冲突；发生利益冲突后，团体成员可能会认识到相当稳定的优越性和从属形式。③

韦伯强调与生产及分配关系都相关的因素。韦伯认为，可作为阶层地位基础的资源不仅根植于拥有和控制生产资料，还根植于资格和专业教育。④ 另外，该学者还强调，地位资源及相关特权、生活方式资源和政党成员资格在阶层地位的形成中很重要。⑤

---

① Вебер М. Хозяйство и общество/Вебер М. – Нью – Йорк, 1968. – Т. 1. – С. 303.

② Вебер М. Основные понятия стратификации/М. Вебер//Социологические исследования. – 1994. – № 5. – С. 147 – 156. Weber M. Economy and Society. – Vol. 1./Weber M. – Berkeley. – University of California press, 1978. – 480 p.

③ Козер Льюис А. Мастера социологической мысли. Идеи в историческом и социальном контексте/Козер Льюис А. / [пер. с англ. Т. И. Шумилиной; под ред. д. ф. н., проф. И. Б. Орловой]. – М. : Норма, 2006. – 528 с.

④ Классовое общество. Теория и эмпирические реалии/ [под ред. С. Макеева] – К. : Институт социологии НАН Украины, 2003. – 258 с.

⑤ Вебер М. Основные понятия стратификации//Человек и общество: Хрестоматия/Вебер М. / [под ред. С. А. Макеева.]. – К. : Ин – т социологии НАН Украины, 1999. – С. 85 – 106.

20世纪50年代末和60年代初，在社会经济不平等研究中出现了功能主义（结构和功能）趋势，相关研究的作者有：美国科学家戴维斯（K. Davis）和摩尔（W. Moore）。[1]

最早对不平等的解释是涂尔干提出的。在其著作《社会分工论》（1893年）中，涂尔干得出的结论是，在所有社会中，人们认为某些活动比其他活动更重要。涂尔干理论的第二个方面是，人们在不遵循特定模式方面很有才能，有些人比其他人更有天赋。在教育过程中，这些差异得以放大。他认为，在一个繁荣社会，最有才华的人应当履行最重要的职能。为了吸引最优秀和最有天赋的人，社会必须尽可能为这些人的服务提供社会回报。

1954年，在涂尔干的概念基础之上，戴维斯和摩尔发表了新的理论。和涂尔干一样，他们认为不平等有助于社会提供一种环境，让最有技能的个人在这种环境里开展非常重要的活动。最重要的活动因社会制度的特定方面而不同。在一个社会里很重要的职位对于另一个社会可能是不必要的。然而，有些职能对所有社会都至关重要，这些职能包括宗教、治理和技术。[2]

在上述趋势下，享有不同声望的社会专业职位的连续量表得以构建。

根据社会分层理论的三大发展趋势，形成了三种分析社会结构的主要方法：马克思主义方法、财产方法和服务阶层概念。[3]

根据经济决定论观点，上层阶层的标准是财产与作为生产关系核心的生产资料之比。这种方法最常用于分析中产阶层，因为它有助于考虑经济中所出现的、转型经济本身共有的所有制形式转型和改变的后果，有助于分析在上述经济基础转型影响下社会和阶层结构转变的

---

[1] Kingsley Davis and Moore Wilbert E. Some Principals of Stratification in Sociological Perspective/ed. by David B. Grusku/Davis Kingsley, Wilbert E. Moore. – Stanford University, West view Press, 1994.

[2] Смелзер Н. Социология/Смелзер Н.；[пер. с англ.]. – М.：Феникс, 1984. –688 с.

[3] Навроцкая Н. А. Экономические закономерности развития среднего класса：дис. ⋯ канд. экон. наук：08.01.01/Навроцкая Н. А. – Днепропетровск, 2004. –202 с.

问题与前景。①

　　财产方法的基础是根据人均收入（阶层的次要属性）确定相应阶层所得分配的量限。然而，该群体可包括不同阶层的代表。

　　服务阶层概念在欧洲很流行。②

　　戈德索普（J. Goldthorpe）提出的分类方式在西方科学中最被认可。为了在乌克兰进行研究，戈德索普的七阶层方案被修改成八阶层方案，包括以下阶层类别：

　　（1）上层第一服务阶层（从事高技能脑力劳动的自雇和受雇专业人员，公共机构的负责人，大型工业企业的管理人员，大型私营企业主）；（2）下层第二服务阶层（资力、权力和管理水平较低的专业人员，小型工业企业的管理人员，中层管理人员，从事非体力劳动的雇工的管理人员）；（3）第三中间阶层的常规非体力劳动工作人员（管理机构、贸易、服务、商业等的雇员）；（4）第四阶层的小业主、自雇农场主；（5）第五中间阶层的体力劳动领域最低层的技术工人和管理人员（技术员、工长、工头、师傅）；（6）第六阶层的熟练工业体力劳动者；（7）第七阶层的半熟练和不熟练工业体力劳动者；（8）第八阶层的半熟练和不熟练农业体力劳动者。③

　　但戈德索普的概念和经验主义阶层方案是否适用于乌克兰这一问题仍有争议。④

　　关于阶层分析的一般潜力，应提及以下方面的问题。自 20 世纪

---

①　Навроцкая Н. А. Экономические закономерности развития среднего класса：дис. … канд. экон. наук：08. 01. 01/Навроцкая Н. А. – Днепропетровск，2004. – 202 с.

②　Голенкова З. Т., Романенко Л. М., Бирюков П. Б. Британские социологи о современном среднем классе/З. Т. Голенкова, Л. М. Романенко, П. Б. Бирюков//Социологические исследования. – 1996. – № 10. – С. 145 – 152.

③　Оксамитная С., Бродская С. Социальный класс как фактор дифференциации жизненных шансов/С. Оксамитная, С. Бродская//Социология：теория, методы, маркетин. – 2004. – № 4. – С. 24 – 42.

④　Оксамитная С., Бродская С. Социальный класс как фактор дифференциации жизненных шансов/С. Оксамитная, С. Бродская//Социология：теория, методы, маркетин. – 2004. – № 4. – С. 24 – 42.

80年代初以来，西方科学一直在考虑"阶层的终结""阶层的死亡"[①]等问题。然而，在戈德索普、赖特（E. Wright）、埃文斯（G. Evans）和其他人的著作中所提供的20世纪80年代至90年代的社会学研究清晰地表明，阶层仍在社会进程中发挥着重要作用，此外某个阶层的个人仍会得到高度认同。[②]

因此，阶层概念对于分析21世纪的社会结构仍很重要。库岑科（O. Kutsenko）认为阶层概念反映了大型社会实体的社会实力，这些大型实体在重大社会资源方面较之他人处于不平等地位，这决定了它们的生活机会、特殊性情和习惯、社会诉求，通过参加联合行动来改变和巩固机会的社交机遇。阶层实体的社会力量反映了它们的文化潜力和活动潜力，这是由以下一系列因素造成的：

（1）具有社会意义的资源组合以及在该类资源的不平等分配领域的相应社会地位；（2）刺激其需要保留或做出改变的生活机会的相似性；（3）特殊的社会意识和习俗习惯，这些反映了社会不平等领域的对立和团结，以及对在关系领域占有一定资源和一定地位的社会诉求的性质；（4）在渴望改变或保护其生活机会时能够团结一致或者以类

---

① Beck U. Risk Society. Towards a New Modernity/Beck U. – London，1992（1986）. – P. 9 – 102. Clark T. N.，Lipset S. M. Are Social Classes Dying? /T. N. Clark.，S. M Lipset//International Sociology. – 1991. – № 6. – P. 397 – 410. Pakulski J.，Waters M. The Death of Class/J. Pakulski，M. Waters – London，1996. – P. 173.

② Marshall G.，Rose D.，Newby H.，Vogler C. Social Class in modern Britain/Marshall G.，Rose D.，Newby H.，Vogler C. – London，1988. – P. 143. Erikson R.，Goldtorpe J. The Constant Flux：A study of Class Mobility in Industrial Societies/Erikson R.，Goldtorpe J. – Oxford，1992. Wright E. O. Class counts. Comparative studies in Class Analysis/Wright E. O. – New York：Cambridge University Press，1997. Evans G. Class Conflict and Inequality/G. Evans. //International Social Attitudes：the 10 –th BSA report. –1993. – P. 126. Hout M.，Brooks C.，Manza J. The Persistence of Classes in Post – Industrial Societies/M. Hout，C. Brooks，J. Manza//International Sociology. –1993. – № 8. – P. 259 – 277. Eder K. Does Social Class Matter in the Study of Social Movements? A Theory of Middle – Class Radicalism//Social movements and social classes. The Future of Collective Action/Eder K. – London，1995. Esping – Andersen G.，Assimakopoulou，Kersbergen K. van. Trends in Contemporary Class Structuration：A Six – Nation Comparison/G. Esping – Andersen//Changing Classes. Stratification and Mobility in Post – Industrial Societies. – London，1993. – P. 32 – 55.

似方式采取行动。①

因此，综上所述，需要指出的是，现代社会科学认为社会结构是：（1）个人团体的关系与互动；（2）一组社会等级；（3）一组相互关联、相互作用并且按照彼此关系安排的社会群体、等级、团体及其之间的关系，即社会结构差不多等同于分层。

波兰社会学家什托姆普卡（P. Sztompka）的著作描述了现代人对社会结构的特殊性认识，他把社会结构分为四层：（1）规范层（由个人之外的规则、规范、价值观和制度组成的网络，确保适当、预期的行为，并对行为偏差发出警告）；（2）理想层（一系列关于现实的想法、信念、模式和惯例，体现在相关信条和意识形态之中，以及人之外的行动）；（3）行动层（个体的互动、互为导向和互惠行动的网络）；（4）第四层与社会的阶层和群体结构、分层和流动相关（即不平等获取资源及个人在生产、消费和声望等级结构中的位置）。

在转型改革的背景下，社会制度体系发挥着"驱动"要素的作用，社会团体结构是"被驱动"要素。社会团体结构最好能够有助于在个人和团体之间合理分配角色和地位，以及更有效地发挥复杂和具有社会意义的作用。

将人们联合成社会群体的形式在个人互动多样性中发挥着特殊作用。以需要联合、团结、协调共同努力而形成的关系为基础的社会群体称为社会团体，地位等级——群体和阶层，在社会团体中占有特殊位置。

在分析社会分层时，"社会等级"概念是最重要的。生活方式在划分社会阶层中发挥着主导作用，导致出现以下事实：某个等级成为支持惯例的载体，惯例又将等级保持原样。该等级是形成该阶层的社会基础。

关于"分层"和"阶层"的类别，我们认为是克劳斯成功地进行

---

① Куценко О. Д. Возвращение классов? Теоретические перспективы классового анализа постсоветского трансформационного процесса/О. Д. Куценко//Социология：теория, методы, маркетинг. –2000. – № 1. – С. 5–13.

了区分。据其所言，分层是一个描述性概念，意味着根据收入、教育、生活方式、种族本源等相关标准，对社会成员进行排序……阶层是冲突团体联合在一起，共同挑战现有的权力划分、优势和其他机遇。

阶层问题有两种研究方法：分层法和结构性阶层法，这些研究方法认为阶层是因不平等拥有和控制物质资源而出现的。

社会分层理论有三个经典趋势：马克思主义、韦伯理论和功能主义。在社会分层理论的三大发展趋势内，形成了三种分析社会结构的主要方法：马克思主义方法、财产方法和服务阶层概念。

如今，除了在社会生产中的位置、与生产资料的关系、在社会劳动组织中的角色、所消费社会财富的份额、权力行为的执行水平、社会声望等基本要素，"阶层"类别还包括一个重要的企业意识要素。

二 中产阶层的界定

一般而言，社会的阶层划分、特别是中产阶层的划分最早出现在古代哲学家的著作中。首先，需要注意的是古代哲学家把社会划分为阶层的想法是以雅典城邦的生活方式证据为基础的，社会分层分析只包括"公民"，也就是拥有适当的财产资格的自由男性人口。奴隶和其他类别的人——人身自由有限或者没有财产的人，甚至不占据社会结构的最底层。根据社会政治经验，古代哲学家得出了以下结论：社会动荡与冲突的来源是阶层对立——"上层"阶层和"下层"阶层，可持续社会和国家发展的保证人是"中产阶层"。

例如，柏拉图表示，国家不应当有"极端的"贫穷和富裕，因此立法者需要确定贫富的界限。国家结构应始终保持中间立场。通过这种方式，中产阶层的稳定功能得以突显，穷人和富人的利益就不会发生冲突。①

---

① Платон. Законы/Платон/ [пер. с древнегреч; под ред. А. Ф. Лосева] . - М.: Мысль, 1999. - 832 с.

在经典著作《政治学》中，亚里士多德分析了国家不和的原因，认为最稳定的政治体制是"趋向于中间"的体制。他写道："每个国家都有三个部分：很富的人、很穷的人、处于第一和第二部分中间的第三部分"①，第三部分拥有少量财产。亚里士多德认为，贫穷引发了反叛和犯罪；如果没有中产阶层，并且穷人在数量上占据主导地位，社会并发症就不可避免，从而可导致国家灭亡。② 该哲学家认为，国家在各项活动方面不应依赖很富的人或很穷的人，因为两者都不想服从理性论证。"第一种类型的人变成无耻的大坏人，第二种类型的人变成罪犯"。③ 第一类人不知道如何服从；第二类人对自己的地位感到非常丢脸，常常嫉妒别人的财富。"对于国家来说，最大的福利是当公民拥有适中而足够的财产时"。④ 因而，大量的中产阶层实际上意味着消除贫富之间的冲突。社会将主要由中等收入的个人组成，将有更好的国家制度，公民将处于最大的安全之中。他们不会想要穷人等他人的福利。没有人会去争中产阶层的财产，因为中产阶层占国家人口的大多数。⑤

在古代哲学家中，亚里士多德被视为中间等级人口政治学的先驱，他的重要发现是"中间要素"理论。该理论认为，"中间要素"是一个社会团体，按其财产状况占据社会最穷和最富等级之间的中间地位。⑥ 亚里士多德的思想推动了在现代科学中、特别是在经济可持续发展的国家形成中产阶层理论。⑦

在当时，普鲁塔克（Plutarch）写道："在深思熟虑的基础上将关

---

① Аристотель. Избранные произведения/Аристотель. – Т. 4. – М.：Мысль，1984.

② Аристотель. Политика/Аристотель. – К.：Основи，2000. –238 с.

③ Аристотель. Избранные произведения/Аристотель. – Т. 4. – М.：Мысль，1984.

④ Аристотель. Избранные произведения/Аристотель. – Т. 4. – М.：Мысль，1984.

⑤ Аристотель. Политика/Аристотель. – К.：Основи，2000. –238 с.

⑥ Гріцанюк В. Середній клас：теоретичні підходи до визначення поняття/В. Гріцанюк//Науковий вісник Ужгородського університету. Серія «Політологія，соціологія，філософія». –2006. –Вип. 3. – С. 64 –68.

⑦ Здравомыслов А. Г. Российский средний класс – проблема границ и численности/А. Г. Здравомыслов//Социологические исследования. –2001. – № 5. – С. 76 –85.

心公益作为一项最喜欢的崇高事业的人,不会允许任何事情转移他的注意力并破坏他的决定"。① 我们强调"关心公益",这意味着,如今是"中产阶层"在致力于创造和加强社会,关心和确保社会发展之事。②

对"中产阶层"含义的多数解释,特别是在随后几年的解释,利用了古希腊人对社会的认识。古代国家所推崇的三位一体概念保持至今,其功能精华保留了数百年。③

自古以来,"中产阶层"一词原本是指占据社会各阶层之间中间位置的一组社会团体。在英国,中产阶层概念在 17 世纪末正式流传,指的是由所有者和企业家组成的社会团体。在 18 世纪的西欧,平民阶层认定自己是中产阶层;在 19 世纪,中产阶层是指中小资产阶层、富裕农民和手工业者;在 20 世纪,中产阶层是指高薪"白领工人""自由职业"的个人及管理人员。

在国外作者中,值得一提的有:马克思、韦伯、瓦尔纳、戴维斯、摩尔、帕森斯(T. Parsons)、莫顿(R. Merton)、戈德索普、洛克伍德(D. Lockwood)、达伦多夫、布尔迪厄(P. Bourdieu)、吉登斯等人。在中产阶层问题上他们是最常被引用的。"中产阶层"的现代概念起源于西方社会学理论,接近于"中间层段"的定义。韦伯、伊利亚斯(N. Elias)、瓦尔纳(L. Warner)和戈德索普等研究人员使用"中产阶层"一词,致力于研究相关问题和相关议题。

马克思在其著作中反复提到中产阶层,马克思把中产阶层描述为"一个由农民和手工业者组成的大阶层,他们几乎同样依赖于其财产

---

① Плутарх. Сравнительные жизнеописания. Трактаты и диалоги/Плутарх [пер. с древнегреческого; сост. С. Аверинцев, вступ. статья А. Лосева, коммент. А. Столярова]. – М.: РИПОЛ КЛАССИК, 1998. –672 с.

② Рябіка В. Формування "середнього класу" в умовах сучасного суспільного розвитку/В. Рябіка//Політичний менеджмент. –2004. – № 3. – С. 3 – 9.

③ Козьма В. Концепції середнього класу в західній історико – політичній традиції/В. Козьма//Політичний менеджмент. –2006. – № 4. – С. 157 – 162.

和劳动"。① 马克思在《资本论》第四卷确认,随着资本主义和资本主义生产的发展,中产阶层在不断壮大,中产阶层一方面介于工人之间,另一方面介于资本家和土地所有者之间。②

韦伯强调了各种各样中产阶层的形成,中产阶层联合了小业主以及有资格在劳动力市场上得到很高报酬的那些人。他把一个很大的叫作"中间阶层"的阶层放在特权所有者阶层和无产阶层之间。正是由于韦伯的著作才使得"中产阶层"的概念得到了广泛认可。

韦伯认为,上层阶层包括那些以财产利益为生和受过良好教育的人;下层阶层包含既没有财产也没有受过良好教育的人。韦伯指出,中产阶层应包括结合了前两个阶层的特点、地位不确定的那些人。换句话说,中产阶层包括拥有少量财产和低水平教育的人("小布尔乔亚"——零售商、小企业家)以及没有任何财产但却拥有高薪的高素质人群(知识分子和专业人员)。③ 韦伯坚称,随着现代官僚主义、组织和理性法律约束状态的发展,以及中产阶层技能显露于市场周转额之中,教育背景作为一种收入来源变得越来越重要。④

中产阶层现象出现于工业社会阶段,爆发于后工业社会。西方人口的中产阶层将其发展壮大归功于工业社会,工业社会的大规模生产带来了大规模消费,从而带来了大部分公众生活水平和质量的提升。何塞·奥特加·伊·加塞特(José Ortega y Gasset)的著作描述了这些趋势。在其著作《美学与文化哲学》中,何塞·奥特加·伊·加塞特分析了"一般人"的出现:"在我们的时代,一般人拥有曾经只有少

---

① Маркс К., Энгельс Ф. Сочинения/К. Маркс, Ф. Энгельс. - 2 - е изд. - Т. 10. - М.: Политиздат, 1958. -771 с.

② Маркс К., Энгельс Ф. Сочинения/К. Маркс, Ф. Энгельс. - 2 - е изд. - Т. 26. - Ч. 1. - 674 с.

③ Вебер М. Основные понятия стратификации/М. Вебер//Социологические исследования. - 1994. - No 5. - С. 147 - 156.

④ Доманьский Х. Формирование среднего класса в Польше: движущие силы и препятствия/Х. Доманьский//Социология: теория, методы, маркетинг. - 2006. - No 3. - С. 52 - 80.

数人拥有的一切。一般人是历史转动的轴心"。① 当个性从一种法律理想变成了现实，从而成为其思维方式中不可分割的一部分，一般人就有了自己的主权。②

一般来说，在 21 世纪初，"中产阶层"理论在社会科学领域获得了关键地位。中产阶层具有稳定社会的作用。

美国社会学派代表赖特（E. Wright）列举了以下生产控制类型（反过来有助于定义阶层）：货币资本控制、实物生产资料控制、劳动力控制。在描述社会结构时，他将社会划分为两大阶层：对整个生产系统实行控制的人和不实行任何控制的人。介于两者之间有一个阶层，赖特称之为"有争议阶层"。该阶层的代表只能影响生产的某些方面，但却被剥夺了控制生产活动其他领域的权利，即他们具有资本家和体力劳动者的共同特点。③

在著作《阶层》中，赖特就中产阶层的本质提出了四个类型的解释：阶层分化不会消失，中产阶层的存在证明了这一点；中产阶层是小资产阶层的继承人；中产阶层是专业人员和管理人员，或称为"新阶层"；中产阶层由属于"中间层段"的人组成，其社会地位与任何阶层无关。④

英国社会学家帕金（F. Parkin）认为，财产只是社会形式之一，可以被多数人垄断，作为控制其他社会成员的基础。除了财产之外，社会性质还包含个人地位差异，以及民族、语言和宗教信仰差异。帕金将"双壁垒"概念引入社会学。事实上，帕金的"双壁垒"概念和赖特的"有争议阶层"意思相同：一方面，达到平均分层程度的人应

---

① Ортега – и – Гассет Х. Эстетика. Философия культуры/Ортега – и – Гассет Х. /[сост. В. Е. Багно]．- М. : Искусство, 1991. – 503 с.

② Світа Г. М. Середній клас: суть та умови його формування в Україні/Г. М. Світа//Вісник Львівського державного університету імені Івана Франка. – 1995. – C. 84 – 89.

③ Самедов В. А. Средный слой или класс? /В. А. Самедов//Преподавание истории в школе. – 2002. – № 3. – C. 28 – 33.

④ Світа Г. М. Середній клас: суть та умови його формування в Україні/Г. М. Світа//Вісник Львівського державного університету імені Івана Франка. – 1995. – C. 84 – 89.

该力争上游；另一方面，他们应该看到自己与社会地位较低层段之间的社会差异。①

韦伯学派提出的主要概念是：人们所理解的极为广泛的"中产阶层"定义下的层段事实上是由普通脑力、商业和服务业劳动者（在很多方面他们和体力劳动者没有多大区别）、专业管理人员以及单独的一个阶层"自雇小资产阶层"组成的。达伦多夫认为，中产阶层包括任何特定阶层，是一个"为分解而生"的阶层。② 相关主题的最著名著作的作者，例如查尔斯·米尔斯（Charles Mills）、大卫·洛克伍德（David Lockwood）所提概念里可以找到相同方法，这种方法提到了中产阶层的碎片性③。

德国社会学家里歇特（E. Richert）认为，中产阶层的快速发展已成为工业高度发达国家的一个显著属性。④ 学者朱尔斯·莫克（Jules Moch）和亨利·格雷森（Henry Grayson）坚持认为，人类社会从一开始就旨在创建一个中产阶层社会。例如，法国学者朱尔斯·莫克根据中间层段在生产中的主导作用，提出了"中间层段成长"的一般规律。美国社会学家和经济学家亨利·格雷森表示，以前的社会各阶层都只是为一个民主的中产阶层的出现做准备。格雷森认为，中产阶层统治时期是社会发展的高峰时期和最具创造性的时期。⑤

一般来说，社会发展倡导者对"中产阶层社会"的观点可以分为

---

① Самедов В. А. Средний слой или класс? /В. А. Самедов//Преподавание истории в школе. -2002. -№ 3. - C. 28 -33.

② Darendorf R. Class and Class Conflict in Industrial Society/Darendorf R. - L., 1959. - P. 76.

③ Butler T., Savage M., (eds). Social Change and the Middle Classes/Butler T., Savage M. (eds). - L., 1995. Lockwood D. The Blackcoated Worker/Lockwood D. - L., 1958. Mills C. W. White Collars. The American Middle Classes/Mills C. W. - N. Y., 1951. Savage M. Social Analysis and Social Transformation. /Savage M. - Buckingham, 2000.

④ Семенов В. С. Капитализм и классы/Семенов В. С. - М. : Наука, 1969. -399 c.

⑤ Грицанюк В. Середній клас: теоретичні підходи до визначення поняття/В. Грицанюк//Науковий вісник Ужгородського університету. Серія «Політологія, соціологія, філософія». - 2006. - Вип. 3. - С. 64 -68.

两类——经济学观点和心理学观点。[1]

瑞士社会学家穆勒（A. Muller）的专著《消费者行为及其对分配方式的影响》，阐明了在社会结构活力、多元和流动的影响下，收入均等、拥有消费品、理性思维渗入生活的所有领域，引发了结构性变化，缩短了社会"上"层段和"下"层段之间的距离，从而形成了相同的社会地位、生活方式、消费态度。[2]

持其他观点的倡导者认为，通往"中产阶层社会"的道路要经历人们心态的转变。根据一般文化价值观、规范、体现社会地位的标志以及对最高成就的渴望等，阶层意识应替换为"中产阶层思维"。[3]

在工业社会形成的初始阶段，中产阶层包括专业人员，特别是注册工程师、医师、建筑师等，以及成功的农场主和熟练手工业者。从19世纪下半叶起，学者们开始把进行商业活动的人以及开展工商业经营的人归于中产阶层。换句话说，中产阶层包括当时完全面向市场需求并且能够提供最合格服务和产品的社会团体。在下文中，这种中产阶层结构将被称为"旧的"或者"传统的"中产阶层。[4]

迄今为止，"中产阶层"结构作为一种复杂的社会形态发生了重大变化。在西方式现代社会，中产阶层除了"旧的"传统等级还包括"新的"等级。"旧"等级包括中小私营企业主、多数农民阶层和农场主、手工业者和贸易商。社会上这些等级的中间位置由以下事实决定：一方面他们是所有者，另一方面他们本身也工作。中产阶层"新"等级包括拥有知识产权、掌握了复杂工作技能的个人：雇员、工程师、

---

[1] Гріцанюк В. Середній клас: теоретичні підходи до визначення поняття/В. Гріцанюк// Науковий вісник Ужгородського університету. Серія «Політологія, соціологія, філософія». – 2006. – Вип. 3. – С. 64 – 68.

[2] Бениш А., Райхельт Д. Буржуазные концепции общества и действительность/ А. Бениш, Д. Райхельт. – М.: Прогресс, 1980. – 246 с.

[3] Гріцанюк В. Середній клас: теоретичні підходи до визначення поняття/В. Гріцанюк// Науковий вісник Ужгородського університету. Серія «Політологія, соціологія, філософія». – 2006. – Вип. 3. – С. 64 – 68.

[4] Козьма В. Концепції середнього класу в західній історико – політичній традиції/ В. Козьма//Політичний менеджмент. – 2006. – № 4. – С. 157 – 162.

技术员、教师、科学家、自由职业者、高素质劳动者等。也就是说，"新"中产阶层是由于20世纪中叶和末叶的信息革命而出现的。赛尔万-施耐德（Servan - Schreider）认为，新中产阶层是由掌握现代技术革命进程所需综合技术能力的人和团队组成的新联盟。达伦多夫指出，由于社会流动，由雇员和官员组成的新中产阶层已经形成，称为"服务阶层"。① 中产阶层"新"等级有知识，在发达国家他们是中产阶层的核心。中产阶层"新"等级与"旧"的传统等级的一个重大区别是，他们是雇工，以远高于市场价值的价格出卖自己的劳动。同时，中产阶层"旧"等级与"新"等级在价值取向、默守传统与创新比率、生活方式、文化和思维方式上也存在不同。②

在从工业社会向后工业社会过渡的过程中，"旧"中产阶层的比例在缩小，让位给专业人员和管理人员。③

"新中产阶层"理念的发展本身有着特殊的政治理由——阐述了相应的"中产阶层变革"理论：该阶层似乎要吸收大多数的无产阶层和资产阶层。因此，该理论的作者们认为，无产阶层社会正在创建之中。④

自由主义理论通过积极论证，证明了中产阶层在现代社会发挥着重要作用。自由主义理论将中产阶层的形成与工业社会的发展联系在

---

① Грицанюк В. Середній клас：теоретичні підходи до визначення поняття/В. Грицанюк//Науковий вісник Ужгородського університету. Серія «Політологія, соціологія, філософія». -2006. - Вип. 3. - С. 64 - 68.

② Беляева Л. А. "Новые" средние в России/Л. А. Беляева//Свободная мысль. - 1998. - № 7. - С. 30 - 31. Наумова Т. В. Становление среднего класса в реформируемой России/Т. В. Наумова//Социально - гуманитарные знания. - 1999. - № 4. - С. 11 - 24.

③ Козьма В. Концепції середнього класу в західній історико - політичній традиції/В. Козьма//Політичний менеджмент. - 2006. - № 4. - С. 157 - 162.

④ Философский энциклопедический словарь/［редкол.：С. С. Аверинцев, Э. А. Араб - Оглы, Л. Ф. Ильичев и др.］ - 2 - е изд. - М. : Сов. Энциклопедия, 1989. - С. 624. Рязанов В. Реформы и циклы модернизации российской экономики/В. Рязанов//Российский экономический журнал. - 1992. - № 19. - С. 72.

一起。根据这种观点［凡勃仑（T. Veblen）①、贝尔（D. Bell）②、加尔布雷斯（J. Galbraith）③ 等人都持有这种观点］，新中产阶层是：（1）总体阶层平衡中的主要稳定力量；（2）现代化的主题；（3）一个创造大规模消费需求的独立因素；（4）满足成功、独立、受尊敬以及人们在家庭和学校所学习的、几乎始终是现行制度秩序的价值观的许多其他价值观需求的类别。④

早在20世纪下半叶，帕森斯（T. Parsons）就强调了从控制曾被家庭—公司所有者所拥有的生产向控制管理和技术人员过渡的趋势。达伦多夫强调，法定所有权与正式控制权已完全分离。⑤

波兰学者多曼斯基（H. Domański）认为，多数社会分层研究在描述意义上使用"中产阶层"一词多于在分析意义上使用，作为一个简明通用名称描述不一定拥有相似经济状况、生活方式、生活前景和专属社交互动方案以及以跨阶层婚姻和非正式关系为主要指标的不同群体。⑥

因此，尽管现代科学有"新"和"旧"两个中产阶层概念，但现代文献并没有对中产阶层概念做出明确解释。如果在过去中产阶层是用来指工业部门的技术工人、农民、教师和讲师、医生、工程师、公务员、服兵役人员，而且这表明与无产阶层相比，其生活标准和社会流动性是比较高的，那么专业管理人员就被列入中产阶层类别。⑦

---

① Veblen T. The Engineers and the Price System/Veblen T. – N. Y., 1963.
② Bell D. The Coming of Post – Industrial Society/Bell D. – N. Y., 1973.
③ Galbraith J. K. The New Industrial State/Galbraith J. K. – L., 1967.
④ Доманьский Х. Формирование среднего класса в Польше: движущие силы и препятствия/Х. Доманьский//Социология: теория, методы, маркетинг. – 2006. – № 3. – C. 52 – 80.
⑤ Самедов В. А. Средний слой или класс?/В. А. Самедов//Преподавание истории в школе. – 2002. – № 3. – C. 28 – 33.
⑥ Доманьский Х. Формирование среднего класса в Польше: движущие силы и препятствия/Х. Доманьский//Социология: теория, методы, маркетинг. – 2006. – № 3. – C. 52 – 80.
⑦ Иноземцев В. Л. Расколотая цивилизация: Научное издание/Иноземцев В. Л. – М.: Academia – Наука, 1999. – 724 с.

彼得·德鲁克（Peter Drucker）指出，中产阶层既不是资本家也不是工人阶层，而是正在所有工业化国家快速占据主导地位、由管理人员和专业人员组成的受雇中产阶层。德鲁克认为，在社会上有权力和影响力的是中产阶层，而非资本家。同时，在社会、经济和文化方面，中产阶层吸收工人，把他们变成受雇专业人员①，实现这种转变的条件是劳动力与使其流动的知识相结合。"有知识的劳动者和生产工人不一样，他们拥有生产资料，他们的知识永远伴随他们。然而，组织对知识的需求不断变化。因此在发达国家，未来将不再可能在传统意义上'管理'最必需和高薪的劳动者。在很多情况下，这种劳动者甚至不会被他们所工作的组织雇用。但是他们会被聘用为承包商、专家、顾问、联合活动中的合作伙伴等。很多人会认同自己的知识，而不会认同给他们发薪水的组织"。②

最近，经过发展的"服务阶层"概念成为在对中产阶层的认识方面取得的一项重要成就。这一定义是在卡尔·伦纳（Karl Renner）的著作中提出的，达伦多夫和戈德索普将其引入学术实践。服务阶层成为一个区分中产阶层中最有影响力的成员和影响力较小的非体力劳动者的术语。伦纳确定了服务阶层的三个基本子类别，即：经济服务（管理人员等）、社会服务（社会服务分销代理）和公务员（官方国家代理）。服务阶层概念因戈德索普的假设而得到了更精确的定义。根据这一概念，专业、管理和行政工作人员构成单独的一个阶层，因为他们有共同的特殊就业状况。特殊就业状况的主要特点是雇主向上述工作人员所表示的"信任"，因为委派给他们的专业化任务给了这些工作人员巨大的自主权。戈德索普认为，服务阶层职业就是上述工作人员需要行使委托权或者运用专门知识和经验，并且在开展工作时享

---

① Drucker P. F. On the Profession of Manegement/Drucker P. F. – Harvard Busines Scool Press, 1998.

② Drucker P. F. On the Profession of Manegement/Drucker P. F. – Harvard Busines Scool Press, 1998. Бурега В. В. Средний класс как основа социальной стабильности./В. В. Бурега//Вісник Харківського національного університету ім. В. Н. Каразіна. "Соціологічні дослідження сучасного суспільства: методологія, теорія, методи". –2001. – № 511. – С. 23 –31.

有一定水平的自由。这种学说已成为进一步研究整个中产阶层的一个重要出发点。①

根据多曼斯基的公平观点，可以认为中产阶层能够作为当前社会变化指标的社会力量。②

在社会结构和中产阶层中，知识分子值得特别关注。西方现代科学将知识分子定义为一个新阶层，将来会不断发展壮大。它包括受过教育、经过专业培训、经过认证的专业人员，他们由于高度专业化而拥有高水平的自我意识、重要性、自主权，因此可以把他们看作一个适当的社会群体。知识分子的另一个共同特点是，他们通常没有生产资料所有权，其收入来源于所获得的知识和能力。③

熊彼特将知识分子结构限于影响舆论并在精神上影响别人的人。美国社会学家利普塞特（S. Lipset）将"所有创造和传播文化——人类的这个符号世界（包括艺术、科学和宗教）——的人"归为知识分子。④ 在文化创造者中，作者提到了科学家、艺术家、哲学家、作家、某些出版商和新闻记者；文化分销者包括教师和记者等；边缘群体包括把文化当作其工作的一个组成部分来使用的人——医生和律师。

法国社会学家阿隆（R. Aron）坚持认为，可以从广义上将知识分子定义为一个仅涵盖专家、科学家和作家的层段。⑤

在知识分子所发生变化的影响下，许多科学家，特别是加尔布雷

---

① Доманьский Х. Формирование среднего класса в Польше: движущие силы и препятствия/Х. Доманьский//Социология: теория, методы, маркетинг. – 2006. – № 3. – C. 52 – 80.

② Доманьский Х. Формирование среднего класса в Польше: движущие силы и препятствия/Х. Доманьский//Социология: теория, методы, маркетинг. – 2006. – № 3. – C. 52 – 80.

③ Буржуазная социология на исходе XX века. Критика новейших концепций/ [под ред. В. Н. Иванова]. – М.: Наука, 1986. – 278 c.

④ Надель С. Вероятность и перспективы будущей индустриальной революции/С. Надель//Мировая экономика и международные отношения. – 2002. – № 9. – C. 30.

⑤ Надель С. Вероятность и перспективы будущей индустриальной революции/С. Надель//Мировая экономика и международные отношения. – 2002. – № 9. – C. 30.

斯（J. Galbraith）、贝尔（D. Bell）和布热津斯基（Z. Brzeziński）开始从广义上解释这一类别，包括将工程和技术人员、公司管理人员、行政管理代表、高素质专业人员纳入其中。在其著作《后工业社会的到来》中，贝尔认为新阶层——科技知识分子的出现是工业级资本主义社会向新品质社会——后工业社会过渡的合理后果。[1] 该学者以专业方式划分出一个新阶层，认为这是社会上新兴的一个阶层。他把所谓的"旧中产阶层"和"新中产阶层"归属于这一阶层。

一般来说，中产阶层理论的现代作者一致认为，中产阶层涵盖没有交集、在劳动分配系统里占据不同地位的群体；在一定程度上，他们共同认为中产阶层保留了独有的社会功能、地位和作用。多数学者并不否认该群体的利益多样性和多元性，支持采用混合方法，强调中产阶层是一种单一的社会形态。[2]

洛克伍德认为，可以列出中产阶层三个方面的根本差异。[3]《黑衣工人》一书中提出，这些差异与非体力劳动类别相互关联：（1）经济状况（收入来源和数量、就业保证程度及垂直流动的可能性）；（2）工作状况，由个人在投入工作时因其在劳动分工中的地位而形成的诸多关系决定；（3）地位情况，即"个人在整个社会中的地位"。洛克伍德确认，"穿西装的劳动者"在收入上可接近体力劳动者，但是不同权力和实际分配排除了共同的身份。因此，作者得出结论，在工作情况方面，非体力劳动人员通常比体力劳动者占据更有威望和更具权威的地位。[4]

---

[1] Белл Д. Грядущее постиндустриальное общество. Опыт социального прогнозирования/Белл Д. – М.: Academia, 1999. – 956 с.

[2] Доманьский Х. Формирование среднего класса в Польше: движущие силы и препятствия/Х. Доманьский//Социология: теория, методы, маркетинг. – 2006. – № 3. – C. 52 – 80.

[3] Lockwood D. Marking out the Middle Class (es) //T. Butler, M. Savage (eds.) /Social Change and the Middle Classes. – L., 1995. – P. 1 – 12.

[4] Доманьский Х. Формирование среднего класса в Польше: движущие силы и препятствия/Х. Доманьский//Социология: теория, методы, маркетинг. – 2006. – № 3. – C. 52 – 80.

萨维奇（M. Savage）研究了中产阶层特定地位问题。① 按照基于资产的新韦伯式方法，他认为在确定中产阶层的阶层地位时，财产是一个关键概念。萨维奇表示，自己的看法主要基于工作收入，但这一阶层的代表以股份和投资方式获得非常可观的财产收益。中产阶层能否产生额外的财产收入取决于雇佣关系。中产阶层与低于该阶层的人之间的分界线是后者没有前景。

归纳上述学者的描述，他认为西方中产阶层是形成和发展中的一个经典模式，因此我们可以得出结论：中产阶层是多元化的，分为上、中、下三个部分。根据量化指标，西方社会的中产阶层通常约占60%，中等部分约占20%。

自古以来，"中产阶层"的定义是一组夹在社会各阶层中间位置的社会团体。

现代中产阶层是资本主义形态的产物。中产阶层现象出现于工业社会阶段，爆发于后工业社会。西方的中产阶层将其发展壮大归功于工业社会，工业社会的大规模生产带来了大规模消费，从而带来了大部分公众生活水平和质量的提升。

迄今为止，"中产阶层"结构作为一种复杂的社会形态发生了重大变化。在西方式现代社会，中产阶层除了"旧的"传统层段还包括"新的"层段。"旧"层段包括中小私营企业主、多数农民阶层和农场主、手工业者和贸易商。中产阶层"新"层段包括大众知识分子代表，其中有工程人员、自由职业者、高素质劳动者等。"新"中产阶层是随着20世纪中叶和末叶信息革命的出现而出现的。

经过发展的"服务阶层"概念（伦纳、达伦多夫、戈德索普）成为在对中产阶层的认识方面取得的一项重要成就。一些研究人员［霍伦科瓦（Z. Holenkova）、伊吉特汉扬（E. Igitkhanyan）］表示，过渡期社会出现了一个新的"雇工"阶层，按照主要参数其与现代西方社会的"服务阶层"吻合。

---

① Savage M. Social Analysis and Social Transformation. /Savage M. – Buckingham，2000.

三 乌克兰的中产阶层

总结现代中产阶层研究，可以说在方法论方面它们都倾向于两种方法——基于价值的方法（规范方法）和统计学方法（经验主义方法）。

基于价值的方法探索一个核心，将"中产阶层"人群联合成一个思想统一的阶层，其在目前研究阶段的应用对"中产阶层"概念本身提出了挑战。统计学方法可以用标准对一般数组进行量化。[1] 中产阶层研究中的经验主义方法在道德上是中立的，可以给出科学合理、符合实际需求的结果，并且以学科领域研究的"客观性"为前提。

在经济体系发达的国家，中产阶层被定义为一种特定现象、社会制度及现代市场经济和现代社会运行结果，其所依据的主要特点如下[2]：

（1）物质福利水平和消费标准（多数学者认可消费类型是决定中产阶层归属的一个典型属性）；（2）教育背景、技能组合及专业资格状况。发达国家中产阶层的一个特色是，从最低层到最高层几乎所有的中产阶层代表，不管在哪个经济部门工作，都是合格的高素质劳动者，因此他们经受了足够的培训，具有良好的心理和社会发展水平；（3）最近几年经济、非经济和社会因素占主导地位的工作动机系统的特性；（4）职业道德特点；（5）生活模式和生活方式；（6）在所有权制度中的位置（作为相应数量具有重要价值和地位的不动产和动产的所有者以及社会伙伴关系的主体）。

还需要强调以下特点：

---

[1] Воейков М. И. Средний класс: подходы к исследованию/М. И. Воейков//Полития. – 2000. – № 1. – C. 87.

[2] Савчук В., Зайцев Ю. Методологія соціальної стратифікації Й. Шумпетера та природа середнього класу як інститут сучасної економічної системи/В. Савчук, Ю. Зайцев//Україна: аспекти праці. Науково - економічний та суспільно - політичний журнал. – 2004. – № 2. – C. 22 – 30.

（1）基于价值定义和团体认同的自我认同。自我认同的标准取决于国家的真实经济形势、个人的真实社会机会以及个人对其财务状况、社会地位、潜在机会的愿景，该愿景导致需要标明中产阶层或原始中产阶层的界限、存在领域；（2）自我组织的活力、能力和政治活动；（3）与其他社会团体相比，对经济和社会政策领域各级私营实体的决策的影响水平显著。

中产阶层的构成特点还包括其分散在某个国家的社会经济环境中的领域，也就是说，反映其社会影响可能性的数字。在当前现代社会中，中产阶层应该占主导地位。①

如果我们将上述多个参数减至主要的几个，我们会发现，在西方，中产阶层占人口的2/3，生活标准很高。有四个主要标准来确定是否属于中产阶层，即：（1）经济上最活跃年龄的雇员拥有价值相当于20—100倍平均收入的财产；（2）数额相当于2—10倍最低生活标准的稳定收入；（3）属于最有充分权利的层段，该层段是选民基础；（4）服从法律，有高度的社会责任感，务实思维和行动。②

在适当顾及历史因素、人民的社会心理、国家的社会经济发展的情况下，乌克兰的中产阶层标准在上述前两个指标上有所不同。

根据"中产阶层社会"发展情况，在识别和研究社会结构中的中产阶层时采用两种方法：客观方法和主观方法。

社会学家所用的客观方法基于不取决于个人意见的特点。事实上，这样的特点有两个：活动种类和收入额，但考虑了不同指标。中产阶层成员资格不只是收入或职业、教育、礼貌或家庭关系的结果，而是

---

① Савчук В., Зайцев Ю. Методологія соціальної стратифікації Й. Шумпетера та природа середнього класу як інститут сучасної економічної системи/В. Савчук, Ю. Зайцев//Україна: аспекти праці. Науково－економічний та суспільно－політичний журнал. －2004. －№ 2. － C. 22－30.

② Васильченко В., Щетініна Л. Основні проблеми формування середнього класу в Україні//В. Васильченко, Л. Щетініна//Україна: аспекти праці. Науково－економічний та культурно політичний журнал. －2006. －№ 3. － C. 31－35.

采用上述每一个标准的结果。①

在英国，根据1981年以来的一般登记（人口统计），按照职业种类采用了以下分类：从事专业（高度专业）活动的人；从事临时（季节性）工作并正在选择一个职业的人；从事技术性非体力工作的人；从事技术性体力工作的人；从事不需要较高资格的工作的人；从事普通劳动的人（勤杂工）。中产阶层和工人阶层的界限在第三组和第四组之间。

第二个客观标准（收入）更加准确，但很难在数量上确定，因为不仅必须考虑可以计算的主要收入（包括工资、营业收入和租金），还要考虑社会转移、福利和补贴。②

主观目标则基于自我认同原则，换句话说，社会成员与哪个社会层段建立关联要看其本身的意见。确定中产阶层的主观方法包括上文提到的劳埃德·瓦尔纳（W. Lloyd Warner）的声誉理论。③瓦尔纳区分出了六组，其中上层中产阶层由从事脑力劳动的高素质个人以及高收入商业人员组成（医生、律师、资本所有者），下层中产阶层主要包括办事人员和其他"白领劳动者"（秘书、银行柜员等）。

法国社会学家布勒东（P. Bleton）表示，中产阶层概念不能与特定的社会现实对应起来，其只与某种精神状态对应：中产阶层包括认可私人财产原则及个人在团体中的权利、维护人类所拥有的道德和文

---

① Гріцанюк В. Середній клас：теоретичні підходи до визначення поняття/В. Гріцанюк// Науковий вісник Ужгородського університету. Серія «Політологія, соціологія, філософія». – 2006. – Вип. 3. – С. 64 – 68.

② Гріцанюк В. Середній клас：теоретичні підходи до визначення поняття/В. Гріцанюк// Науковий вісник Ужгородського університету. Серія «Політологія, соціологія, філософія». – 2006. – Вип. 3. – С. 64 – 68.

③ Лібанова Е. Трансформаційні процеси, соціальна стратифікація і перспективи становлення середнього класу/Е. Лібанова//Економічне прогнозування. – 2002. – № 2. – С. 45 – 50.

化价值观的人。①

因而，在使用主观方法研究中产阶层时，中产阶层所包括的人多于使用客观方法时所包括的人。

多数现代研究人员坚持认为，一个人的社会福祉和归属某一特定社会团体的关键标准是收入水平。然而，在分析这一标准时，学者们的观点各不相同。例如，在衡量收入水平时，需要考虑若干细节。第一，首都城市和周边地区的生活标准并不相同；第二，出发点不是很清楚：我们是否应当首先选定可接受的中产阶层规模，然后从中得出目前群体的收入？或者反之，应选定中产阶层的收入，然后看看谁可以被纳入中产阶层？

有一种观点认为，物质性收入水平是一种陈旧的确定中产阶层的方法。众所周知，正如戈鲁别夫（V. Golubev）所说，现代社会的发展水平并不是由国内生产总值（GDP——实物资本的特征）的数值决定的，而是首先由人力资本（HC）——人们自己所积累的财富——的价值、一个人作为雇员和道德载体的素质决定的。根据世界银行的数据，平均人力资本占国民财富总额的60%以上，有些国家（日本、德国）甚至达到了80%。

联合国开展了关于人类发展的研究，并发布了国家和全球报告，用人类发展指数（HDI）来衡量人类发展水平。人类发展指数是按三个指数的平均数来计算的：收入（人均 GDP）；寿命（出生时的预期寿命，岁数）；教育（6—23 岁学生比例）。② 然而，和任何其他单独指数一样，人类发展指数本身不足以提供对人民生活质量、社会经济状况和社会的均衡分析。需要建立一个这些指标的体系。

---

① Грицанюк В. Середній клас：теоретичні підходи до визначення поняття/В. Грицанюк// Науковий вісник Ужгородського університету. Серія 《Політологія，соціологія，філософія》. – 2006. – Вип. 3. – С. 64 – 68.

② Лапин Н. И. Антропосоциетальный подход：методологические основания социологического измерения/Н. И. Лапин//Вопросы философии. – 2005. – № 2. – С. 17 – 29. Голубев В. С. Кого считать средним классом в России？/В. С. Голубев//Общественные науки и современность. – 1999. – № 2. – С. 186 – 187.

戈鲁别夫提出了其他一些理论中合理的指数——描述个人素质的专用性人力资本（SHC），以及人力（专用性）资本生产（HCP）。①

最近，有关学者提出并检验了社会弊病指标（失业、社会疾病和犯罪率），在此基础上建立了社会舒适度指数（SCI）。② 社会舒适度指数与人类发展指数相结合有助于确定国家各地区的排名和评级，这与仅按人类发展指数排名有很大差异。③

如果国家发展的特征不是国内生产总值，而是人类发展指数、人力（专用性）资本生产和其他类似指标，那么就不应按国内生产总值，而是用其他标准——人类发展指数、人力（专用性）资本生产"平均"值来确定是否属于中产阶层。犯罪分子不属于中产阶层，因为揭示个人素质的指数很低。④

如果按物质性收入水平来区分，转型社会的中产阶层不能和资本主义发达国家的中产阶层相提并论。乌克兰目前的国内生产总值是这些发达国家国内生产总值的六分之一甚至更低。乌克兰不可能在这方面赶上资本主义发达国家，因为形成以实物资本为基础的中产阶层是不现实的。

根据人力资本指数，乌克兰的新中产阶层将与众不同。如果中产阶层是国家的支柱，就应该包括为国家服务的人，首先便是公共部门的雇员。中产阶层是社会上最有资格、最有教养、最有道德的一部分人，首先是知识分子、熟练工人和农民，然后才是从事中小企业经营的人。

戈鲁别夫认为，这种基于人力资本的中产阶层通常符合进化要

---

① Голубев В. С. Теория "естественного развития" и Россия/В. С. Голубев//Энергия: экономика, техника, экология. – 1998. – No 9. – C. 12 – 21.

② Бородкин Ф. М., Кудрявцев А. С. Человеческое развитие и человеческие беды/Ф. М. Бородкин, А. С. Кудрявцев//Мир России. – 2003. – No 1. – 121 – 136.

③ Бородкин Ф. М., Кудрявцев А. С. Человеческое развитие и человеческие беды/Ф. М. Бородкин, А. С. Кудрявцев//Мир России. – 2003. – No 1. – 121 – 136.

④ Голубев В. С. Кого считать средним классом в России? /В. С. Голубев//Общественные науки и современность. – 1999. – No 2. – C. 186 – 187.

求，因为如果不放慢经济增长，就不可能克服全球环境危机。经济不是为了物质富裕，而是为了人类发展，不是为了竞争，而是为了合作，不是"自我导向型活动"（现代企业家精神范式会导致社会不稳定），而是"为人民服务"——这些是意味着21世纪社会进步的原则。①

就这一点而言，中产阶层的形成条件不是本身作为目标的企业家精神的发展，而是建设一个"自然社会"②，"自然社会"是一种以为其服务的人为本的社会状态。

关于中产阶层要素的争论也有悠久的历史。在乌克兰，有以下社会分层和中产阶层形成的理论方法③：

利巴诺瓦（E. Libanova）、盘尼奥托（V. Paniotto）认为物质资源是中产阶层出现的主要特点，包括财产（主要是不动产：房屋、土地、生产资料）、平均收入（根据国家标准确定）、资格和教育背景及高社会地位、对中产阶层的认同。除了这些特点之外，曼迪布拉（V. Mandybura）增加了社会团体的消费标准（中间资本所有者、食利者、中小企业代表、农业企业劳动者）。曼迪布拉根据平均消费水平辨别中产阶层，平均消费水平等于一倍或两倍最低预算。基里安（T. Kirian）、沙波瓦尔（M. Shapoval）按收入、财产、资格状况、教育、在市场条件下的适应能力和成功运营能力分析了一组中产阶层归属的基本特点。

在分析社会阶层结构和辨别中产阶层时，乌克兰研究人员也使用

---

① Голубев В. С. Кого считать средним классом в России? /В. С. Голубев//Общественные науки и современность. -1999. -№ 2. -С. 186 - 187. Голубев В. С. Устойчивое развитие: новая парадигма/В. С. Голубев//Вестник РАН. -1997. -Т. 67. -№ 12. -С. 24 - 36.

② Голубев В. С. Третий путь/В. С. Голубев//Природа и человек. -1998. -№ 6. -С. 3. Голубев В. С. Антропогенные механизмы поддержания устойчивости и прогноз社социоприродного развития/В. С. Голубев//Общественные науки и современность. -1997. -№ 4. -С. 168 - 174.

③ Середній клас України: теорія та сучасні тенденції становлення/ [Бондар І. К., Бугаенко Є. О., Бідак В. Я. та ін.] -К.: Видавничий дім "КОРПОРАЦІЯ", 2004. -582 с.

两种方法——主观方法和客观方法。正如前文所述,主观方法基于自我认同原则,即源于社会成员对其属于某个社会层段或阶层的想法。马基夫(S. Makeev)、霍洛瓦卡(Ye. Holovakha)、奥克萨米缇娜(S. Oksamytna)、布罗斯卡(S. Brodska)、西蒙舒克(O. Symonchuk)等研究人员主要致力于在主观层面探究阶层身份和分层过程。[①]

客观方法基于不取决于个人意见的指标。这些标准通常是指工作类型和收入水平,即经济标准。盘尼奥托(V. Paniotto)、科迈尔克(V. Khmelko)、查皮斯卡(I. Chapska)、卡尔钦科(N. Kharchenko)等人的研究可以说明这种趋势。[②]。由于一种方法会存在很大的局限性,因此多数情况下研究人员都是结合使用客观方法和主观方法。

世界不同国家对中产阶层的解释是完全不同的。在美国,政府没有"中产阶层"的官方定义,人口调查局收集的统计数据主要是与收入分配和收入不平等有关的估计数字,最可接受的两个估计数字是家庭所得总收入的比例和基尼系数。[③]

[①] Бродська С. С., Оксамитна С. М. Класова самоідентифікація населення України/ С. С. Бродська, С. М. Оксамитна//Наукові записки НаУКМА. Серія «Соціологічні науки». – 2001. – Т. 19. – С. 44 – 50. Макеєв С. О. Процеси соціальної структуризації в сучасній Україні/ С. О. Макеєв//Українське суспільство на порозі третього тисячоліття. – К.: Ін – т соціології НАН України, 1999. – С. 214 – 231. Головаха Е. И. Изменение социальной структуры и формирование среднего класса в Украине/Е. И. Головаха//Социологический журнал. – 1997. – № 4. – С. 37 – 42. Макеєв С. О., Оксамитна С. М. Тенденції становлення середнього класу/ С. О. Макеєв, С. М. Оксамитна//Українське суспільство: десять років незалежності (соціологічний моніторинг та коментар науковців) /за ред. В. М. Ворони, М. О. Шульги. – К.: Ін – т соціології НАН України, 2001. – С. 286 – 297.

[②] Доходи та витрати домогосподарств в Україні у 1996 році/ [за ред. В. І. Паніотто, О. В. Попової, В. Є. Хмелька]. – К., 1997. Харченко Н. Сравнение методологических подходов к измерению бедности/Н. Харченко//Социология: теория, методы, маркентинг. – 2000. – № 3. – С. 86 – 99. Чапская И. Имущественное положение граждан в трансформирующемся обществе/И. Чапская//Социология: теория, методы, маркетинг. – 1999. – № 10. – С. 63 – 75.

[③] Середній клас України: теорія та сучасні тенденції становлення/ [Бондар І. К., Бугаєнко Є. О., Бідак В. Я. та ін.] – К.: Видавничий дім "КОРПОРАЦІЯ", 2004. – 582 с.

几乎所有的欧盟国家都是高度发达国家，平均国内生产总值在11900欧元（希腊）到49300欧元（卢森堡）之间不等。在乌克兰使用欧洲国家的标准来确定中产阶层是有问题的，乌克兰的国内生产总值比较低，要达到欧洲国家的水平是个相当困难的问题。

一般来说，乌克兰经济在转型期间所发生的变化不能被评定为中产阶层形成的先决条件。因此，实际的中产阶层界定水平参差不齐。在经济和社会地位可持续的发达国家，中产阶层层段占成人人口的52%—60%。发达国家依据优先归属该阶层的各种特征来评定中产阶层的身份。在多数欧美发达国家，这些特征包括收益、收入和消费、工资、支出、教育、不动产。在乌克兰，最好依赖一个相对指标体系：按总收入水平，按现金开支水平，累积水平（将相对最低消费预算考虑在内），并在将来逐渐过渡到一个综合指数。

为了识别中产阶层，有必要建立指标门槛值和一个将形成这一阶层的多数综合因素考虑在内的指标。根据欧洲国家和其他国家的标准，中产阶层指标门槛值为中产阶层收入占国内生产总值的比例在52%—62%以内，包括：（1）工资不少于收入的60%—65%；（2）来自财产的收入——13%—14%以内；（3）个人消费——最高占收入的80%（包括食品——至少占1/3，住房和能源支出——占1/4）；（4）来自不动产、股息、房产等的收入——最高占8%；（5）来自教育的收入——占10%—15%以内；（6）来自地位的收入——最高占5%；（7）金钱累积——每月不少于5%—6%。①

虽然对中产阶层归属的主要特征和标准进行了大量讨论且仍有争论，但根据西方国家的经验可确定其有以下标准：个人自由、独立经济活动、财产所有权，还有一个标准是为某个特定国家提供一段时期的正常家庭生活的收入水平。因此，在将个人归属于中产阶层时，有时以收入额（以及由收入额决定的生活质量）为主要标准。

---

① Середній клас України: теорія та сучасні тенденції становлення/ ［Бондар І. К., Бугаенко Є. О., Бідак В. Я. та ін.］ – К. : Видавничий дім "КОРПОРАЦІЯ", 2004. –582 c.

为雇员提供与"中产阶层"对应的收入的资格、教育背景、对现有制度的政治忠诚度、遵守一定的社会和伦理标准等各种参数，及其相对长期的可持续性等标准，已获得了一定的独立性，并且开始被研究人员和具有这些特征的人（受过教育的人真诚地把自己归类为"中产阶层个体"，不管收入水平和财产所有权如何）视为属性特征。

这些额外的"中产阶层"归属特征在很大程度上借鉴了国外研究，并且与西方社会的当前形势直接相关。对于中国和乌克兰这两个转型期社会来说，这些特征更像是一系列与中产阶层相符的特征，这时国家在成熟市场经济的基础之上形成了真正法治民主的状态。

四　结论

通过前文分析，我们可以发现，首先，在研究中产阶层时，整个社会科学所用的一般方法可以确定为：基于价值的方法和统计学方法；规范方法和经验主义方法；客观方法和主观方法。

其次，后欧亚地区出现的中产阶层概念需要有精确的内容，这是指分析中产阶层归属标准及其结构。所述的方法论问题有待商榷。

在苏联社会，除了收入水平，中产阶层归属的主要标准是该等级代表所履行的行政和执行职能水平。现在这两个指标通过"财产范围"得以加强。除了这些中产阶层归属标准之外，建议确定以下标准：人类发展指数、描述个人素质的专用性人力资本、人力（专用性）资本生产、社会舒适度指数等。

再次，对当前研究文献的回顾表明，"中产阶层"作为一个经济和社会类别尚未得到明确的理论解释，这在一定程度上是由试图用物质标准、消费者标准、政治标准、智力标准、对比标准、西方标准等各种概念上的标准来处理这一概念引起的。

又次，对于承认转型社会存在中产阶层的研究人员来说，有两个界定中产阶层的概念。根据第一个概念，该群体包括拥有平均收入的个人。这样的人存在于任何时间和任何国家。在苏联，收入分层并不明显，80%的人口可归类为中产阶层。根据第二种方法，中产阶层包括具有一定智力、对社会稳定感兴趣、没有冲击和根本性转变的人。因此，说转型社会出现了中产阶层可能为时过早。[①]

最后，在分析转型社会的中产阶层时，另一个方法论问题出现了。根据大量的案例研究推断，适用"中产阶层"类别的社会"中间"部分并不是一个整体社会实体，除了其"中间"性之外，很难将任何一般实质性特征归于中产阶层。因此，乌克兰的现实与西方情况没有多大可比性。

---

① Агафонов Ю. А. Социальный порядок в России（Институциональный и нормативно－правовой аспекты）/Агафонов Ю. А. － Ростов－на－Дону：Издательство СКНЦ, 2000－362 c.

中产阶层研究的理论基础

一 古典中产阶层的形成与发展

所有古代社会都有一个特点,那就是社会都分为三个阶层。经济社会每发展到一个新阶段,最终包含新的社会结构要素的阶层都会发挥强大的社会作用。[1]

从历史上看,中产阶层经济主体性的主要特点是具有特定的主人——工人地位:中产阶层是来自城镇和村庄的小型私营业主的阶层,他们从事小规模生产或小额贸易,使用个人劳动力或家庭成员的劳动,很少使用雇佣劳动力,收入来源于自己的农场。因此,中产阶层是随着商品生产的兴起和发展而形成的。[2]

在古代社会,尽管在自由公民和非自由公民之间并没有重要的"中产阶层"(这一群体在罗马帝国衰落期间才逐渐壮大起来),但即使在商品关系非常不发达的奴隶所有制下,也有自由农民和手工业者,

---

[1] Иноземцев В. Л. Прошлое, настоящее и будущее классового общества (попытка нетрадиционной оценки) /В. Л. Иноземцев//Вестник МГУ. Серия 6. «Экономика». – 2000. – № 5. – С. 47 – 61.

[2] Навроцька Н. А. Економічні засади формування та розвитку середнього класу/ Н. А. Навроцька//Вісник Дніпропетровського державного фінансово – економічного інституту. – 2003. – № 2/10/. – С. 38 – 42.

他们不仅为自己生产产品，也为销售生产产品。①

在中世纪欧洲，大约从公元 1000 年起，牧师、贵族和农奴即被载入编年史。在中世纪社会，中产阶层以一大批手工业者、商人和城市人口为代表。

城市的发展和贸易的合法化带来了资产阶层，几个世纪后带来了工人阶层。然而，复杂的社会结构并没有以"五分法"取代"三分法"。在人们的日常意识中，仍以划分为"上层""下层"和"中层"为主。

英国最早在 17 世纪用"中产阶层"一词来描述介于土地所有者和雇佣劳动力之间的一个人数不多的城市企业家群体。

在资本主义那里，中产阶层处于资本家和雇佣工人这两个主要阶层之间的中间位置。中产阶层经济行为体的阶层归属取决于这样一个事实：它不再是劳动力的卖主，而是其企业商品和服务的卖主。②

古斯塔夫·冯·施穆勒（Gustav von Schmoller）首次区分了"老"中产阶层和"新"中产阶层。他认为，"老"中产阶层由商人、店主、手工业者和其他企业主组成，这一阶层的历史根源可以追溯到 17 世纪中叶。查尔斯·米尔斯（Charles Mills）和大卫·洛克伍德（David Lockwood）详尽描述的"新中产阶层"涵盖了从经理和专业人员到下层"白领"以及贸易和服务工作者等各种类别的非体力劳动者。早在 20 世纪初，这一大类别就出现在西方国家，并且很快确立了地位。作为一般劳动力的一部分，新中产阶层取代了工人阶层和农民，到 20 世纪 70 年代，它在就业结构中的占比超过了 50%。这一类别由复杂各异的专业群体组成，最常见的有律师、医生、工程师、学校和大学教

---

① Навроцька Н. А. Економічні засади формування та розвитку середнього класу/ Н. А. Навроцька//Вісник Дніпропетровського державного фінансово – економічного інституту. – 2003. – № 2/10/. – С. 38 – 42.

② Навроцька Н. А. Економічні засади формування та розвитку середнього класу/ Н. А. Навроцька//Вісник Дніпропетровського державного фінансово – економічного інституту. – 2003. – № 2/10/. – С. 38 – 42.

师，担任高级、责任最大和必要职能职位的管理人员和负责人。①

中产阶层通过以下几个特点联合成一个整体：经济独立，专业精神，明确的公民精神。

中产阶层的存在并不排斥弱势群体。与中产阶层相比，社会底层群体有时相当庞大。然而，正是由于中产阶层发达的社会结构的形成才导致曾一直占绝大多数的下层阶层的人数空前减少。中产阶层是"开放"的，它和不太兴旺的社会阶层之间没有明显的界限；中产阶层的历史趋势是：因自下而上的垂直流动而不断扩大。中产阶层在扩大过程中，其生活标准对下层阶层产生影响。私有财产是大多数中产阶层拥有的财产，它提供了相对的人格独立，使个人愿意选择生活方式和思想理念，私有财产已成为整个利益体系的支柱。中产阶层有时以自私的方法为这一切进行辩护。

西方中产阶层由各种各样的人员组成，其社会和专业结构是多元化的。这为强烈的社会内部流动（从一个阶层转变到另一个阶层）创造了前提，反过来又确保了人们以多种选项适应社会。上层阶层和下层阶层要超越中产阶层是一件非同寻常的事，这件事在影响个人命运的同时，不会破坏纺锤形社会金字塔的稳定性。②

中产阶层的规模和影响力不断扩大，几乎遍布于公众生活的所有领域，因而获得了"统治阶层的自然界限"的含义。根据 莫斯卡（G. Mosca）对中产阶层的解释，中产阶层是一个经济地位强大的大阶层，它不依赖于那些有权力的人，其财富使其有可能把一些时间用在文化发展上，对社区事务产生兴趣，这确实是一种近乎贵族般的感觉，这种感觉是激励人们为国家事业服务的唯一因素，除了满足自我以外，

---

① Доманьский Х. Формирование среднего класса в Польше: движущие силы и препятствия/Х. Доманьский//Социология: теория, методы, маркетинг. – 2006. – No 3. – С. 52–80.

② Вишневский А. Г. Модернизация и контрмодернизация: чья возьмет? /А. Г. Вишневский//Общественные науки и современность. – 2004. – No 1. – С. 17–25.

不需要任何激励。①

路德维希·艾哈德（L. Erhard）② 在《人人共享繁荣》一书中写道："中产阶层是这样一些人群的阶层：他们把出于自己的责任感并且在自己工作的基础上希望维持生存的人联合或激励起来。这是我认同它的唯一方式，除此之外很难想象中产阶层是另外一种情况。中产阶层的以下品质具有最高价值：对其命运具有个人责任感，独立存在，决心通过自己的劳动确保生存，希望在自由社会和自由世界里完成自我实现。我们限制这种意愿、破坏这种无畏的生存决心、降低个性价值和劳动活动独立性的所有企图都不会支持中产阶层，而是对中产阶层的打击……如果这一阶层的人们失去了在自己劳动活动的基础上彰显自我的决心，那么除了一群需要通过保护才能比别人过得好一点的人之外，这个中间阶层就真的什么也没有了。但是这会带来中产阶层的道德价值。"③

根据各种估计，在社会导向型市场经济发达的国家，中产阶层的人数高达劳动人口的75%。④

古典中产阶层坚持以下取向。第一，这是一种"文化自由主义"，通常涉及性别角色、堕胎、安乐死等问题，并且通常是与限制这些问题的自由保守主义对立的。第二，市场方面存在所谓的"经济自由主义"，特别是收入分配和对"福利国家"作用的态度等问题。文化和经济自由主义在中产阶层中比在工人阶层中体现得更强烈。⑤

---

① Моска Г. Элементы политической науки/Г. Моска//Социологические исследования. – 1995. – No 4. – С. 138 – 139.

② Ludwig Erhard (4 February 1897—5 May 1977) was a Minister for Economics in the government of Konrad Adenauer (1949 – 1963) and succeeded him as the federal chancellor (1963 – 1966). He contributed a lot for the "economic miracle" of the Federal Republic of Germany.

③ Эрхард Л. Благосостояние для всех/Эрхард Л. – М.：Начала Пресс，1991. – 252 с.

④ Котлер Ф. Маркетинг, менеджмент/Котлер Ф./［пер. с англ］. – СПб.：Издательство "Питер"，1999. – 896 с.

⑤ Wright Erik Olin. Classes/Wright Erik Olin. – N. Y.：Shocken，1985.

二　中产阶层与西方社会

西方现代中产阶层的起源与福利国家或社会福利国家（其根源可追溯到 19 世纪中叶）的形成有关，并且与社会和阶层冲突升级、社会主义的产生和蔓延有关。

福利国家的发展阶段划分情况如下：

第一阶段（1800—1880 年）为社会福利国家形成的史前时期，以通过政治决定为建立社会福利国家铺平道路为标志。

第二阶段（1880—1914 年）开始重组社会福利国家，引入工会职工社会保险原则。

第三阶段（1918—1960 年），国家扩大社会活动。

第四阶段（1960—1975 年），社会福利国家加快发展。同时，还形成了社会法律，通过了大量管辖社会问题关系的国际法律文书。

第五阶段（始于 1975 年），社会福利国家的发展放缓，这与经济增长放缓、失业率上升和社会主义制度危机有关。[1]

必须在影响欧洲大陆和新大陆现代国家发展的保守（德国大陆）和自由（英美）的社会发展模式之间的社会文化争端中，探索欧洲福利国家制度的来源。保守模式提供了承诺和公民非自由的要素，培养了国家与市民社会之间的强制性关系。自由模式的重点是重视个人和公民的权利、社会自由、减小社会因素的作用、减少国家干预，从而改善穷人的生活。[2]

第一个版本的社会福利国家始于 19 世纪 80 年代奥托·冯·俾斯麦（Otto von Bismarck）统治下的德国，他通过了关于工伤事故以及工

---

[1] Гаджиев К. С. «Государство благосостояния» в трактовке современных западных политологов/К. С. Гаджиев//Эволюция теории и практики «государства благосостояния» в 80 – е годы/отв. ред. О. Сальковский. – М. ИНИОН АН СССР, 1991. – Режим доступу：http：//www：temporology. bio. msu. ru/RREPORTS/figatner_ evolutsia/inst – evo – Gl8. htm · 284 КБ.

[2] Пасько Я. Феномен соціальної держави в історичній традиції/Я. Пасько//Філософська думка. – 2007. – № 2. – С. 40 – 49.

人和农民养老金的法律，扩大并加强了社会保险制度。第一次世界大战以后，国家对经济和公众生活其他方面的干预大幅增加。[1]

第二个版本的社会福利国家是由威廉·贝弗里奇（W. Beveridge）勋爵提出的，他起草了社会保护制度（1942 年），并且以劳动力充分就业和免费医疗计划对其加以补充（1944 年）。凯恩斯（J. Keynes）对福利国家思想做出了决定性的重大贡献，其著作《就业、理想和货币通论》（1936 年）提出了国家调节经济与社会关系、注重促进个人消费、提高生活标准的理念，这一理念已成为西方国家经济政策一大原则。低工资既是 1929—1933 年世界危机的前提，也是面向社会的法西斯主义、纳粹主义和共产主义的前提。

这一切危难迫使一些西方国家在 20 世纪 30 年代向国家调节经济生活转变，首先是美国总统罗斯福提出了"新政"（1933—1937 年）。凯恩斯的理论便是针对国家调节提出的。

20 世纪上半叶，在国家社会主义占支配地位期间，德国新自由主义学派提出了社会市场经济思想。1937 年，弗兰兹·博姆（Franz Böhm）、沃尔特·奥伊肯（Walter Eucken）和汉斯·格罗斯曼—杜尔特（Hans Grossmann – Doerth）教授发表了一系列论文，指出国家的主要任务是有意识地组织面向社会的政治和经济秩序。1938 年，亚历山大·吕斯托夫（Alexander Rüstow）发明了"新自由主义"概念。

当今世界分为两个部分，较小的部分包括"金色十亿"国家，这些国家将工人的工资提高到所生产产品价值的 40%—60%，通过提高消费需求消除了贫困（中产阶层人数达到这些国家人口的近 70%—80%），同时确保了可持续的经济增长。[2]

在福利国家的实际实施过程中，三大模式得以创建，分别是自由

---

[1] Силичев Д. А. Социальные последствия перехода от индустриализма и модерна к постиндустриализму и постмодерну/Д. А. Силичев//Вопросы философии. – 2005. – № 7. – С. 3 – 21.

[2] Хайтун С. Д. Социальная эволюция и Джон Кейнс: от прошлого к будущему/С. Д. Хайтун//Вопросы философии. – 2003. – № 10. – С. 46 – 60.

主义模式、社会民主主义模式和保守主义模式。美国是在罗斯福宣布的"新政"下实施自由主义模式的首批国家之一。自由主义（自由市场）制度主要是美国、英国、澳大利亚和日本所特有的。社会民主主义模式已在斯堪的纳维亚国家，特别是瑞典和丹麦实施。保守主义模式（社会市场经济制度）延续了俾斯麦的历程，这一模式是欧洲大陆国家（德国、意大利和法国部分地区）所特有的。①

古典自由主义提倡在市场"无形之手"的活动中最大限度减少国家干预，保护自由权和自由，强调每个个体在所有情况下都是市场参与者。这造成了社会的分层：在竞争原则盛行的情况下，总会有赢家和输家。市场自由充满了可能导致贫困的不确定性和不稳定性的威胁。然而，"这并非制度的失灵，而只是每个个体缺乏远见或个性的结果"。②"最低社会福利不会消除贫穷，反倒会推动贫穷的产生"。③

此外，是"自由主义者在讲需要最大限度地发挥竞争潜力，以协调各项活动，不提倡让事情顺其自然。他们的论点基于这样一种信念，即：如果能够创造竞争，竞争就是管理个人活动的最佳方式。他们对此毫无异议，并强调需要精心设计一种制度来创造高效的竞争"。"……自由主义者强烈反对用以上协调取代竞争的想法。他们对竞争情有独钟，不仅因为竞争通常更有效率，而且最重要的是竞争使得协调内部活动成为可能，避免暴力干涉"。④

弗里德里希·冯·哈耶克（F. A. von Hayek）认为，"对竞争的有

---

① Силичев Д. А. Социальные последствия перехода от индустриализма и модерна к постиндустриализму и постмодерну/Д. А. Силичев//Вопросы философии. －2005. －№ 7. －С. 3－21. Соловей Г. С. Соціальна держава як чинник етизації економіки/Г. С. Соловей// Філософська думка. －2007. －№ 2. －С. 142－156. Esping－Andersen G. Three Worlds of Welfare Capitalism/Esping－Anderson G. －Princeton University Press，New Jersey，1990. －P. 42.

② Esping－Andersen G. Three Worlds of Welfare Capitalism/Esping－Anderson G. －Princeton University Press，New Jersey，1990. －P. 42.

③ Esping－Andersen G. Three Worlds of Welfare Capitalism/Esping－Anderson G. －Princeton University Press，New Jersey，1990. －P. 42.

④ Хайек Ф. А. фон. Дорога к рабству/фон Хайек Ф. А.；［пер. с англ.；предисл. Н. Я. Петракова］. －М.：Экономика，1992. －176 с.

效利用并不排斥对经济生活进行某些类型的强制干涉，但是允许其他人促进竞争，有时要求采取某种政府行动。但值得注意的是，有些情况完全排除了暴力干涉的可能性。首先，在市场上活动的各方必须拥有充分的自由，以有人愿意购买的任何价格进行商品的买卖；每个人必须能够自由地生产、出售和购买一切可以生产和出售之物。同样重要的是，任何行业都平等地向任何人开放，法律应杜绝个人或团体企图公开或秘密地限制这种开放。另外，任何控制商品价格或数量的其他行为都会使竞争失去协调个人努力的能力，因为在这些情况下价格波动不再反映营商环境的变化，并且不能作为个人活动的可靠指南。"[1]

哈耶克的以下观点表明："成功的规划需要一个共同的价值观体系——这就是物质领域的限制与精神自由的丧失有如此直接的关系的原因所在。"[2]

福利国家社会民主主义模式以"你是谁"的原则为基础。这里流行的趋势是通过支付标准现金补贴实现收入均等，无论领取人的其他收入或就业状况如何这种补贴都予以执行。[3]

关于福利国家保守主义模式，埃斯平-安德森（G. Esping-Andersen）提出有两大因素决定了这种模式的特点：阶层分层和等级社会。保守主义模式是现代西欧国家（尤其是德国）特有的，其特点在欧洲历史上可见一斑。第一，封建依附和裙带关系已经演变成具有适当道德规范的现代企业。因此，对地主的宗法依赖变成了对国家的依赖。第二，企业道德规范以天主教和新教为基础，宗法伦理是教会忠诚度的保障。第三，保守主义以统治阶层的保护主义为基础，这种保护主义变成了对整个社会的关注。在保护模式中，国家对市场的干

---

[1] Хайек Ф. А. фон. Дорога к рабству/фон Хайек Ф. А.；［пер. с англ.；предисл. Н. Я. Петракова］. – М.：Экономика，1992. –176 с.

[2] Хайек Ф. А. фон. Дорога к рабству/фон Хайек Ф. А.；［пер. с англ.；предисл. Н. Я. Петракова］. – М.：Экономика，1992. –176 с.

[3] Соловей Г. С. Соціальна держава як чинник етизації економіки/Г. С. Соловей// Філософська думка. –2007. – № 2. – С. 142 –156.

预程度最低，通常是为了维持永久的等级结构。①

国家以不同形式的上述模式履行其社会保护职能，主要形式有三种：经济、社会和家庭形式。福利国家自由主义模式重视经济分配和初次分配，这是由于人直接参与生产系统，带来的是高就业水平。埃斯平-安德森认为，自由主义保护模式的运行以"你有什么"为原则，将社会保护与自由市场分开，国家援助的对象仅限于没有其他收入的那些人，即所谓的"定向"财政援助。

社会保护保守主义原则以"你做了什么"或"为国家服务"论点为基础。这里的社会福利，特别是养老金是根据工资数额提供的。保守企业模式具有低水平就业的趋势，特别是妇女就业。职业地位在获得社会权利方面起着至关重要的作用。家庭地位同样重要，与之相伴的是家庭再分配。工人的权利延伸到其家庭成员，家庭成员的多数决定着可能得到的援助数额。社会保险的对象自然是旨在支持男性类型的家庭，负担家计的一家之主起主导作用，所以在离婚时他的妻子和孩子是最易受伤害的。②

社会民主主义模式也会带来高水平就业，特别是妇女就业。大量妇女进入劳务市场可提升社会保护效率。以一般社会权利为基础而产生的收入的社会再分配，是公民权的直接结果，也具有至关重要的意义。③

福利国家的繁荣发生在战后时期（1945—1975年），学者们对这一时期有不同的定义，让·弗拉斯蒂（J. Fourastié）称之为"辉煌的三十年"，埃斯平-安德森称之为"资本主义的黄金时代"等。

20世纪下半叶，几乎所有的舆论思想和政治领域都开始从理论和

---

① Соловей Г. С. Соціальна держава як чинник етизації економіки/Г. С. Соловей//Філософська думка. -2007. - № 2. - С. 142-156.

② Силичев Д. А. Социальные последствия перехода от индустриализма и модерна к постиндустриализму и постмодерну/Д. А. Силичев//Вопросы философии. -2005. - № 7. - С. 3-21.

③ Соловей Г. С. Соціальна держава як чинник етизації економіки/Г. С. Соловей//Філософська думка. -2007. - № 2. - С. 142-156.

实践上探索对福利国家进行重组的途径，作为避免新的全球危机的手段。

饱受战争蹂躏的联邦德国经历了一段加速的社会政治复兴时期，并开始在以新教伦理为基础的传统德国价值观的基础上迅速发展。联邦德国成功地建立了一种社会和经济秩序，这样的秩序带来了人们的极大积极性、骄人的生产力水平、技术复苏和高效的社会保护制度。

在此期间，德国"经济奇迹"的总设计师、德国首任经济部部长、德国第二任总理路德维希·艾哈德（Ludwig Erhard）（1897—1977年）提出了以五项原则为基础的"社会市场经济"概念：

1. 市场经济本身是社会经济。国家关心其公民的福祉，要实现这一目标，不断关注市场机制的保护和生产力是最有效的手段。市场机制对于整个经济体系的效率至关重要，因此其成为社会福利的来源。

2. 国家社会政策的有效性不是由社会慈善的多少和国家再分配的规模决定的，即先募捐，然后"在社会上处置"并以援助、补贴和其他社会服务形式返还给社会。大部分收入应留在受助人手中，不应当作税款和捐款用于社会需求。

3. 国家的社会政策应侧重于加强个人在起步和在竞争过程中的地位。因此，能够获得教育、职业，获取财产，达到高水平财政福祉，储蓄金钱并且确保不因通货膨胀而贬值，也是社会政策的一个关键领域。只有在通过"社会关怀"获得经济独立和最大独立后，公民才能从路德维希·艾哈德所说的"社会主体"变成一个自由人。

4. 社会福利领域的范围不应随着公民的社会财富和福祉的增长而扩大，相反应缩小。国家方面社会关怀的对象应当只是本身具备最低生存水平的穷人（社会越富裕，领取国家社会福利的人越少）。

5. "社会市场经济"国家概念的主要原则之一是：经济自由必须与"社会均等"相结合。在实践中，这意味着社会没有权利吃的比创造的多。根据这一原则，工资增速绝不应大于劳动生产率增速。税收政策不应使企业家失去投资动力，不应"惩罚"那些工作比较努力、干得比较好的人。养老金增长与工资增长挂钩很危险。

艾哈德认为，有保障的国家养老金应当仅提供必要的最低生存水平。也就是说，未来的退休人员必须在积极就业、储蓄或参加各种私人养老保险期间照顾好自己。否则，退休人员的"社会公正"就会变成劳动人口和有学业的年轻人的"社会不公正"。

艾哈德解决社会问题的逻辑是不要产生依赖者，否则他们从小就认为自己应该永远受人照顾。即使在分配公共"馅饼"时，国家也必须根据补贴原则，设法组织整个社会支持体系——帮助促进自助和私人项目。①

艾哈德认为，市场机制（从1948年6月20日开始）的启动不仅仅是狭义的经济措施。在其"社会市场经济"概念中，自由成为社会公正的一个基本前提，市场是调节经济进程的最佳工具。

艾哈德反危机计划的精髓可以被归纳为两条主要规定：激励人们付费消费，以及支持对消费品生产相关行业的投资。艾哈德认为，国家可以而且应该通过金融、信贷、海关、货币、税收政策等手段进行宏观调控，而不是对生产进行小规模的赞助。国家绝不应该以牺牲公共财富为代价来纵容最有影响力的工业团体的私利。反过来，国家的社会政策应该与慈善事业和鼓励受抚养情绪毫无关系。②

国家的主要任务是建立"游戏规则"，并监督所有经济行为人遵守游戏规则。从这个角度看，国家有责任为顺畅发展和竞争创造条件，防止"经济权力"过度集中在大公司和垄断部门手中，这项责任具有特殊意义。

艾哈德认为，任何寻求成功的经济政策都始于确保得到公众的信任。没有公众的信任，即使是最明智的经济政策也会"悬空"。艾哈德提出，有效的过渡政策必须满足以下基本初始要求：必须为人们所理解；必须是一致的，因为左右摇摆的政策是最糟糕的；必须开放和

---

① Зарицкий Б. Е. Людвиг Эрхард: секреты "экономического чуда" /Зарицкий Б. Е. - М. : Издательство БЕК, 1997. -298 с.

② Зарицкий Б. Е. Людвиг Эрхард: секреты "экономического чуда" /Зарицкий Б. Е. - М. : Издательство БЕК, 1997. -298 с.

诚实；最后，从战术角度来看，必须具有适当的结构，不仅注重长期和最终结果，而且注重在公众期望的合理时限内产生令人信服的示范效应。

正因为上述原因，艾哈德才选择将放弃分配制度、价格自由化和恢复可行货币作为其反危机计划的优先措施。这是在短时间内使市场饱和并且有效激励劳动活动的唯一途径。

同时，上述运动的最终目标也无可置疑：建立一种市场经济，国家积极参与宏观经济和社会政策的调控。①

为了让德国人能够通过公平工作赚取更多的钱，国家实行了加班费制度，而加班费不需要缴纳所得税，这反过来又显示出改革的道德性。艾哈德恰当地指出，心理学在经济学中所发挥的作用不亚于精确的数学计算。② 因此，劳资双方达成历史性的妥协，国家、企业和工会之间达成企业协议，奠定了福利国家的基础。

瑞典模式在世界社会运动中有自己独特的方式，其主要思想是由奥洛夫·帕尔梅（O. Palme）③ 于1975年建立的。魏格佛斯（E. Wigforss）制定了瑞典社会民主党的主要目标，它代表了功能性民主社会主义的思想："改变资产阶层社会的经济组织，使生产过程中的决策权掌握在全国人民手中，使多数人从拥有资本的少数人的权力中解脱出来，在新型经济的基础上，创建一个以自由和平等为原则的公民合作型社会"。④

最终，凯恩斯主义过分关注雇员，然后经济再次经历了危机，就

---

① Зарицкий Б. Е. Людвиг Эрхард: секреты "экономического чуда" /Зарицкий Б. Е. – М.: Издательство БЕК, 1997. –298 с.

② Зарицкий Б. Е. Людвиг Эрхард: секреты "экономического чуда" /Зарицкий Б. Е. – М.: Издательство БЕК, 1997. –298 с.

③ Sven Olof Joachim Palme (born on 30 January 1927 in Stockholm – died on 28 February 1986 in Stockholm) was a Swedish politician, leader of Swedish Social Democratic Party, Swedish Social Democratic Party (1969 – 1976 and 1982 – 1986), numerous ministership.

④ Проект новой программы социал – демократической рабочей партии Швеции: Реферативный сборник. – М.: ИНИОН, 1990. –83 с. – С. 10.

像20世纪70年代和80年代的美国一样。一方面，货币主义（"里根经济学"版）帮助美国摆脱了危机，与凯恩斯主义相反的是，它保护的是雇主。① 凯恩斯工具包括对收入和遗产征收累进税（税率高达90%）、慈善捐赠福利、货币扩张、增加预算等。② 另一方面，在抗击通货膨胀的旗帜下，货币主义立足于抑制货币扩张（工资）、对大中额利润减税等。③

凯恩斯主义和货币主义是国家调节的两只翅膀。当一个雇佣工人变得贫穷时，凯恩斯主义是最有利的。当雇主受到压迫时，货币主义又能恢复生机。这是它的运行方式，但其只对建立了后工业社会的"黄金十亿"国家起作用。④

1979年，玛格丽特·撒切尔当选为新一任英国首相，宣告实施新的经济和社会政策，名曰"新自由主义""极端自由主义"和"市场原教旨主义"。她设定了几个任务来实施该政策：私有化、镇压工会、解散福利国家、没有任何国家干预、完全自由的市场。

1980年里根当选总统时，美国走上了英国的道路。美国的新自由主义采取了里根经济学的形式。其他西方国家纷纷追随美国的脚步，社会民主党执政的国家（法国等国）或多或少走上了新自由主义的道路，澳大利亚、西班牙、葡萄牙和新西兰等国的社会民主党和工党经历了几乎相同的演变。⑤

有很多因素导致福利国家逐渐衰弱：军费开支过多且不断增加、环境支出、电力危机。金融和经济政策失误等。经济下滑和利润下降

---

① Хайтун С. Д. Социальная эволюция и Джон Кейнс: от прошлого к будущему/С. Д. Хайтун//Вопросы философии. –2003. – № 10. – С. 46 – 60.

② Дьяконов И. М. Пути истории. От древнейшего человека до наших дней/Дьяконов И. М. – М., 1994. – С. 345. Экономическая энциклопедия. – М.: Экономика, 1999. – 1055 с.

③ Экономическая энциклопедия. – М.: Экономика, 1999. – 1055 с.

④ Белл Д. Грядущее постиндустриальное общество. Опыт социального прогнозирования/Белл Д. – М.: Academia, 1999. – 956 с.

⑤ Силичев Д. А. Социальные последствия перехода от индустриализма и модерна к постиндустриализму и постмодерну/Д. А. Силичев//Вопросы философии. – 2005. – № 7. – С. 3 – 21.

促使资方重新考虑现有的妥协方案,并寻求达成一项新的协议,大大削弱工会和雇员的地位。

工业企业大规模私有化,国有企业实体主要有电力、运输和通信企业,这严重削弱了国家的经济权重,使国家失去了重要的调节杠杆作用。全球化、经济交流国际化、金融市场和金融流动的一体化、超国家机构和治理结构的兴起也导致福利国家严重衰弱。新自由主义的变革为资本主义增添了新的品质。以前,在生产的三大参与者(管理人员、股东和员工)中,管理人员是主要人物。因此,资本主义通常被称为管理资本主义。现在股东们取代了管理人员的位置。因此,资本主义已成为股东资本主义,金融市场在其中发挥着核心作用。

由于新自由主义改革,原福利国家被前英国首相托尼·布莱尔所提出的工作福利国家模式或能促型国家所取代。[1]

福利国家目前的发展状况一方面反映了市民社会的作用日益扩大、新自由主义思想日益加强,另一方面结束了20世纪90年代中期"福利国家"与"社会福利国家"概念之间的区别。[2]

社会福利国家现代模式的形成与西方经济状况的改变有关。现代西方经济可能具有以下特点:(1)市场和市场竞争无条件存在于经济中;(2)国家对经济过度周详的干预产生了负面影响;(3)经济权力集中度普遍增大,特别是集中在国家手中,产生了消极作用,经济权力有可能转化为国家权力,反之亦然。限制国家监控"游戏规则"遵守情况、解决暴力问题的作用,扩大国家在协调所有市场参与者的利益中的作用;(4)选择决策、制定和遵守对市场协议的道德和伦理限制时,道德、情感和直觉在经济中的作用加大;(5)能够利用知识和逻辑做出并实施更有效的商业决策,而不是仅利用价值和道德基础及直觉;(6)道德与商业理解之间存在不可逾越的冲突,此时扩大道德

---

[1] Силичев Д. А. Социальные последствия перехода от индустриализма и модерна к постиндустриализму и постмодерну/Д. А. Силичев//Вопросы философии. – 2005. – No 7. – С. 3 - 21.

[2] Калашников С. В. Функциональная теория социального государства/Калашников С. В. – М. : Экономика, 2002. – 188 с.

在经济中的作用可导致市场关系和竞争完全消除；（7）集体（团体）决策在经济中的优势大于个人决策，因为集体（团体）决策可能效率更高，并且认可"我"和"我们"之间的冲突是无法解决的，因为每个人都希望最大限度地让自己满意；（8）社会地位不平等（特别是在政府领域）被视为市场交易机制即市场运行的必要条件；（9）社会环境（社会结构）与经济（市场）效率相互依存，此时社会环境能够在经济（市场）关系中形成限制和激励。[1]

西方世界经济状况的变化导致自20世纪90年代中期以来，关于社会福利国家形成了新的概念，社会福利国家成为一种消除市场规律与社会目标之间的矛盾的机制。与福利国家不同，现代社会福利国家试图放弃其家长式角色；注重根除福利心态，旨在主要通过社会化市场经济创造良好的社会条件。社会福利国家的根本性质是其有责任促进每个人的独立性和责任感，以及向那些并非因自身过错而不能对自己的福祉负责的人提供社会援助。因此，与福利国家相比，社会福利国家的重点是个人对自己福祉的责任。在这样一个作为"能促型国家"的社会福利国家[2]，社会保护和国家援助是有选择的，社会政策以个体化原则为基础，并且是有针对性的。

在现代世界，以下关键参数是任何类型的社会福利国家都具有的：完善的社会保险缴款体系，高额税收构成预算，预算款项拨给社会领域；完善的服务体系，为所有人群提供社会服务；完善的法律制度，政府各部门权力分立、明确履行各自的职能；社会工作的法律框架，

---

[1] Бородкин Ф. М. Социоэкономика. Статья 2. После конца экономики/Ф. М. Бородкин// Общественные науки и современность. – 2006. – No 5. – C. 141 – 154. Этциони А. Социоэкономика：дальнейшие шаги［Электронный ресурс］/Этциони А. //Экономическая социология. Электронный журнал. – 2002. – Т. 3. – No 1. – Режим доступу：http：// www. ecsoc. msses. ru \ pdf \ ecsoc_ t3_ n1. pdf.

[2] Сіленко А. О. Соціальна держава：теорія перемін/Сіленко А. О. – Одеса：Вид. центр УДАЗ, 2000. –278 c

政府机构、民间团体和私人项目相互作用。①

福利国家的崩溃造成了重大的社会变化，这导致西方公众舆论提出了模糊阶层界限甚至阶层消亡（包括中产阶层）的想法。② 然而，20世纪80年代和90年代戈德索普（J. Goldthorpe）、赖特（E. Wright）、伊文斯（G. Evans）等人的研究表明，阶层在社会进程中继续发挥重要作用，识别一个属于特定阶层的人仍然相当重要。③

这里还可以引用伊曼纽尔·沃勒斯坦（I. Wallerstein）的观点："资本主义世界经济与资本主义以前的体系一样是有深度分层的，但各阶层之间的关系是不同的。高级阶层并非通过其军事威力，而是通过以前的经济成就维持其地位。并不位居顶层、但有专业技能的那些人，我们称之为职员或者体系中的中产阶层的那些人，不再害怕没收。相反，他们不断得到高级阶层的安抚，高级阶层需要他们的帮助来维持整个世界体系的平衡，也就是控制危险阶层"。④

中产阶层经济实体的演变及其新形态的形成与劳动和财产统一规律的运行有关，反映了人（人—工人、人—所有者）的矛盾性在

---

① Холостова Е. И. Социальная политика [Текст]: Учебное пособие/Холостова Е. И. – М.: ИНФРА – М, 2001. – 204 с.

② Beck U. Risk Society. Towards a New Modernity/Beck U. – London, 1992 (1986). – P. 9 – 102. Clark T. N., Lipset S. M. Are Social Classes Dying? /T. N. Clark., S. M Lipset//International Sociology. – 1991. – № 6. – P. 397 – 410.

③ Eder K. Does Social Class Matter in the Study of Social Movements? A Theory of Middle – Class Radicalism//Social movements and social classes. The Future of Collective Action/Eder K. – London, 1995. Erikson R., Goldtorpe J. The Constant Flux: A study of Class Mobility in Industrial Societies/Erikson R., Goldtorpe J. – Oxford, 1992. Esping – Andersen G., Assimakopoulou, Kersberrgen K. van. Trends in Contemporary Class Structuration: A Six – Nation Comparison/G. Esping – Andersen//Changing Classes. Stratification and Mobility in Post – Industrial Societies. – London, 1993. – P. 32 – 55. Evans G. Class Conflict and Inequality/G. Evans. //International Social Attitudes: the 10 – th BSA report. – 1993. – P. 126. Hout M., Brooks C., Manza J. The Persistence of Classes in Post – Industrial Societies/M. Hout, C. Brooks, J. Manza//International Sociology. – 1993. – № 8. – P. 259 – 277. Marshall G., Rose D., Newby H., Vogler C. Social Class in modern Britain/Marshall G., Rose D., Newby H., Vogler C. – London, 1988. – P. 143. Wright E. O. Class counts. Comparative studies in Class Analysis/Wright E. O. – New York: Cambridge University Press, 1997.

④ Валерстайн I. Демократія, капіталізм і трансформація/I. Валерстайн//Соціологія: теорія, методи, маркетинг. – 2002. – № 2. – С. 72 – 85.

发挥作用，这些矛盾是社会生产方式（生产力和生产关系）的单独要素。这一规律抓住了中产阶层作为一个经济类别的深层本质。它是中产阶层经济实体发展的源泉，体现在更完善的形态中。它不仅探索最进步的、适合先进的经济制度的小企业形态，还探索创新的创业精神等，这为全新的中产阶层经济实体创造了条件。在资本主义市场上，智力活动产品的新所有者不仅提供劳动力，而且提供智力产品所体现的消费者价值。在这种情况下，对智力产品中所体现的新价值进行分配的依据是拥有一种新型资本——"人力资本"，知识资本是其不可分割的一部分。[1] 因此，可以探讨古典中产阶层在质和量上的转化。

如果在分析中忽略了古典中产阶层代表的价值体系以及中产阶层在理想社会发展中的功能，那么对古典中产阶层在形成和发展中一般模式的研究就不完整了。

在正常的市场经济中，中产阶层是主要的纳税人，其经济状况影响着人们的投资活动、国家预算、国家社会计划的实施以及其他重要的社会经济进程。在市场经济体系中，中产阶层是社会安定的堡垒。其在物质和财产尺度上的中间地位使中产阶层成为社会秩序的保障者，这证明了中产阶层人群取得了一定的成功和成就。中产阶层重视稳定，至少关心维持其社会和物质地位。中产阶层也是最保守的阶层，他们希望巩固已取得的成就，这在客观上与不愿改变"游戏规则"有关，掌握"游戏规则"可以使中产阶层在社会中占据稳定地位。中产阶层在垂直流动中的主导作用也值得一提。

在发达国家，中产阶层能够理解自己的目标，并且用政治语言阐明这些目标。中产阶层主要是塑造社会的道德标准（在某种意义上是塑造社会的意识形态），因为它凭借数量优势支配着司法、宗教和政治组织。最后，同样重要的是，中产阶层作为一个整体堪称政治自由

---

[1] Навроцька Н. А. Економічні засади формування та розвитку середнього класу/ Н. А. Навроцька//Вісник Дніпропетровського державного фінансово－економічного інституту. － 2003. － № 2/10/. － С. 38－42.

的保障者。

以下价值观构成古典中产阶层文化的组成部分：渴望社会对话，要求社会公正，推动稳定，关心国家促进任何所有制中小企业的发展，实现繁荣。这些也是其活动的主要力量。

西方模式的中产阶层也有消极特征。其基本性质如下："中产阶层文明"与"资产阶层天堂"别无两样，在这里阶层冲突和社会冲突部分被平息，部分被压制。政治派别中的多数为"中间派"。传统政治区别已消失，"左派"与"右派"几乎没有区别。真正的激进派被推到了政治生活的边线：一般人远离激进主义，痴迷于稳定。维持这种地位需要"来自外部的流入"。英国（发源地）的"中产阶层"是因殖民掠夺而形成的。西方的"中产阶层"通过跨国公司掠夺"第三世界"国家，从而维持"生活质量"。

"中产阶层文明"是一种中间生活方式，一种中等质量的大众文化，一种以中间派政治生活为基础的代议民主，这不是佼佼者的力量，而是他们自己那一类人的力量，也就是平庸者的力量。然而，在这个系统的幕后矗立着一个大资本，这是真正的力量。①

在分析中产阶层的现象时，还应考虑路德维希·冯·米塞斯（L. von Mises）曾经指出的事实："在阶层之间的斗争中，每个阶层的所有成员都通过一个共同的目标团结在一起。不管他们在其余问题上有什么分歧，这个共同目标都会让他们团结在一起。他们寻求改善其阶层的法律地位，这通常与经济利益有关。毕竟，各阶层法律地位出现差异的原因在于一个人的经济优势是以对其他人的经济不公正为代价的。"②

由于中产阶层占社会的大多数，且本质上它是一个大众社会，即大众，因此我们认为需要考虑西方学者研究大众的文献。大众从反叛

---

① Тарасов А. Н. "Средний класс" и "мещанский рай" / А. Н. Тарасов // Свободная мысль. – 1998. – № 1. – С. 46–56.

② Мизес Л. фон. Социализм. Экономический и социологический анализ / Л. фон Мизес. – М. : Gatallaxy, 1994. – 416 с.

演化到被动和冷漠。

何塞·奥尔特加·伊·加塞特曾写道:"十九世纪是革命性的。它不是风景优美的障碍——它只是一种装饰,但事实上,它把社会大众置于与一般人以前习惯的一切完全相反的生活条件中……一个世纪重塑市民生活。"① 现实的大众社会首先在美国发展起来,多数人获得了前所未有的物质财富。② "的确,看到世界如此有序和协调,普通人视此为理所当然,不认为这需要非凡的人的努力……普通人摆脱了外部压力,摆脱了与他人的碰撞,滋生了一种唯我独尊、从来不考虑和顾及他人、尤其是不相信别人会比自己优秀的心态。"③ 越来越多的工厂通过非人手段(运输设备、异化机器劳动)让工业生产所"制造"的、容易被操纵的一般大众"吐出来"。在20世纪前三十多年里,人们不断集中在一个地方并且从事工业生产,因而形成了大众。但是大众并不完全是这个阶层的人口,而是由不同阶层、具有特定属性的人组成的。大众开始了起义,依靠自己的本性,不知道禁忌,只认可直接行动,试图组织一种秩序来诋毁以前的秩序。起义的力量如此强大,以至于有创造力的少数人开始适应大众。大众社会获得消费大众文化的机会,这些机会满足大众的需求,并在这些需求的层面上得到一切可能的大众手段的支持。④

布鲁默(1951年)将大众视为自发集体分组的质量特征,包括不同阶层的代表,形成一个由无名个人和一个贫穷组织组成的群体,其成员之间没有互动和经验交流,贫穷组织使该群体无法像大众一样团结协调地行事。和奥尔特加·伊·加塞特一样,布鲁默也强调,大众

---

① Ортега – и – Гассет X. Восстание масс//Избранные труды/Ортега – и – Гассет X. – К.: Основы, 1994. –420 с.

② Федотова В. Г. Апатия на Западе и в России/В. Г. Федотова//Вопросы философии. –2005. – № 3. – С. 3 – 20.

③ Ортега – и – Гассет X. Восстание масс//Избранные труды/Ортега – и – Гассет X. – К.: Основы, 1994. –420 с.

④ Федотова В. Г. Апатия на Западе и в России/В. Г. Федотова//Вопросы философии. –2005. – № 3. – С. 3 – 20.

既不是一个社会，也不是一个社群。在大众的含义范畴内，这是最困难的情况，往往需要通过劳动群众、社会分层的下层来识别。① 这些阶层的特点——贫穷组织、阶层之间的无效沟通及其脱离植根于传统和习俗的生活由于大众的极限压力而在社会上蔓延。然而，大众没有社会组织、习俗、既定的规则和礼仪、态度、地位角色结构和技能。因此，"……大众行为既然不是由任何预先建立的规则或期望决定的，那它就是自发的、原始的和初级的"。② 布鲁默认为，如果大众行为是有组织的，那就不是大众运动了，而是社会运动。大众尚未起来反抗，仍处于被动状态。③

让·鲍德里亚认为，大众之所以变得冷漠，正是因为它通过自己的支配地位取代了社会。不遵守社会结构的等级制度，不仅让大众凌驾于有创造力的少数人之上，而且凌驾于社会之上，而这曾经可以纠正大众的行为。没有社会等级制度的束缚，大众开始强迫社会接受大众所喜好的"口味"。④

证实了中产阶层在理想社会发展中的积极作用，就可以确定其主要功能。总体而言，中产阶层具有以下功能：（1）中产阶层是一系列社会群体，充当着社会"顶层"与"底层"之间的中间人，履行社会中间人的职能；（2）中产阶层是主要的纳税人；（3）中产阶层是经济的国内投资人；（4）中产阶层在垂直流动过程中发挥着主导作用，中

---

① Федотова В. Г. Апатия на Западе и в России/В. Г. Федотова//Вопросы философии. - 2005. - No 3. - C. 3 - 20.

② Блумер Г. Теория символического интеракционизма/ ［ Г. Блумер, Р. Мертон, Дж. Мид, Т. Парсонс, А. Шюц ］ //Американская социологическая мысль/Блумер Г. - М., 1996.

③ Федотова В. Г. Апатия на Западе и в России/В. Г. Федотова//Вопросы философии. - 2005. - No 3. - C. 3 - 20.

④ Федотова В. Г. Апатия на Западе и в России/В. Г. Федотова//Вопросы философии. - 2005. - No 3. - C. 3 - 20. Бодрийяр Ж. В тени молчаливого большинства, или конец социального/Бодрийяр Ж.； ［пер. с франц. Н. В. Суслова］. - Екатеринбург: Издательство Уральского университета, 2000. - 96 с. Бодрийяр Ж. В тени молчаливого большинства, или конец социального/Бодрийяр Ж.； ［пер. с франц. Н. В. Суслова］. - Екатеринбург: Издательство Уральского университета, 2000. - 96 с.

产阶层是自下而上垂直流动的自由渠道，基于教育和技能水平的明确的社会成长前景可确保中产阶层的高水平福祉；（5）中产阶层可带来较高的劳动生产率；（6）中产阶层还可以制作和传播知识、信息，决定消费市场的性质和结构；（7）中产阶层充当着社会稳定剂（第一，中产阶层把对立的贫富两极分开，防止它们发生碰撞；第二，中产阶层作为社会稳定剂，是相对富裕的社会组成部分，个人经济独立，生活质量高，对未来充满信心），特别是政治生活的稳定剂；（8）中产阶层不仅发挥着稳定剂的作用，而且可加强社会的综合进程，是社会伙伴关系形成与发展中的主要参与者；（9）当然，中产阶层可接受并制定行为模式（消费者行为模式）；（10）在社会上，中产阶层具有对政府机构和大型企业代表进行社会控制的功能，这影响着私人社会支出与福利之比；[1]（11）中产阶层作为一种社会制度，影响着经济权力在社会上的有效分配、层次结构和平衡，决定着资源的获取和收入分配结构，这是中产阶层的一个特殊功能；[2]（12）中产阶层可确保经济权力的效率（经济权力在社会上的分配、层次结构和平衡）；（13）中产阶层是熟练劳动力再生的源泉；（14）通过支撑中产阶层相对一致性的职业制度，专业人员和管理人员人力、文化和社会资本得以再生；（15）中产阶层是一种社会支持，是改革的主要驱动力；（16）中产阶层带来可持续的技术进步和经济进步，因为它是社会结构的一个元素，其中包括高度专业和高度公民参与的人；（17）中产阶层创造、掌握和传播社会文化和创新行为实践的样板；（18）中产阶层承载着民族文化的基本组成部分，表达公共利益，从而履行社会文化集成者的职能；（19）中产阶层还可确保理想社会发展的智力支持。英国社会学家哈特伯（P. Hutber）指出，中产阶层在思想斗争中长期遭受着同等

---

[1] Лучко Т. І. Економічні основи формування середнього класу в країнах ринкової трансформації： автореф. дис. на здобуття наук. ступеня канд. екон. наук： спец. 08.01.01 «Економічна теорія»/Т. І. Лучко. – Харків，2005. – 19 с.

[2] Лучко Т. І. Економічні основи формування середнього класу в країнах ринкової трансформації： автореф. дис. на здобуття наук. ступеня канд. екон. наук： спец. 08.01.01 «Економічна теорія»/Т. І. Лучко. – Харків，2005. – 19 с.

程度的斗争。"中产阶层充分意识到社会福利国家对其可实现的价值观造成的损害,但不敢抗议,首先是因为害怕背叛自己的其他价值观——进步和人文主义的价值观,因为中产阶层的伟大功能之一首先是在加强文明之路上对运动的智力支持。也许它在这方面太成功了。"哈特伯总结道。[①]

总之,中产阶层的主要功能是确保国家的经济、社会和政治稳定。

三 小结

通过前文分析,可以得出以下结论。首先,中产阶层是随着商品生产的兴起和发展而产生的,因此可以说,它自古以来就存在,虽然在那个历史时期中产阶层人数不多,并且对古代社会的经济生活没有太大影响。

其次,现代城市的发展、贸易的合法化和现代资产阶层的兴起带来了众多的中产阶层。在资本主义制度下,中产阶层处于资本家和雇佣工人这两大阶层之间的中间位置,抑制着"上层阶层"的放任和"下层阶层"的冲突心态,从而充当着社会稳定剂。

再次,西方现代中产阶层的形成与"福利国家"的兴起有关。福利国家的来源可追溯到19世纪中叶,其在第一次世界大战后继续发展,在第二次世界大战后"辉煌的三十年"(1945—1975年)达到鼎盛期。"福利国家"的社会政策可以用三种模式(自由主义、社会民主主义和保守企业模式)表示,影响了西方社会庞大中产阶层的形成。

又次,"福利国家"的衰弱、20世纪80年代的新自由主义改革、全球化进程等,导致资本主义发生质变,进而导致中产阶层

---

① Hutber P. Dekline and Fall of Middle Class and How it Can Fight Back/Hutber P. – London, 1996.

发生质变。中产阶层"新"阶层越来越多地主要依赖于智力、文化和人力资本。通过这一过程，西方现代后工业社会的中产阶层发生了量变和质变。

最后，中产阶层的主要功能是确保国家的经济、社会和政治稳定。人们往往强调这样的思想：市民社会的发展与中产阶层的形成几乎是同义词。鉴于上述情况，在转型社会中形成中产阶层可以说是从计划经济向市场经济过渡的主要目标，是衡量改革效率的一项重要标准，这项标准决定了整个经济、社会和政治制度体系是否健全。

乌克兰转型期社会的阶层结构与中产阶层的形成

一 乌克兰转型社会中的社会阶层结构及其特性

我们利用在1991年至今对乌克兰社会进行分析过程中获得的经验数据，分析乌克兰转型社会新的社会阶层结构及其特性。

根据乌克兰哈尔科夫国立大学社会学学院1996年一项研究的结果，我们得出了以下关于乌克兰社会阶层结构的结论：（1）社会空间的流动性相当高，在复杂的重组中，内部结构混杂，像阶层一般的实体（企业家、工人、高级职员、专业人员）没有得到明确表述，其社会识别资源在很大程度上具有不确定性；（2）出现了在获取一定社会机会和共同价值观意识的基础上体现团结的社会形态；（3）一个几乎确定的高层管理人员阶层长期再生，进而产生精英和准精英群体；（4）社会实践、生活方式和价值认同务实化和个性化。[1]

然而，在2000年由乌克兰哈尔科夫国立大学社会学学院进行的一次全国调查（N = 1800）中得到了其他结果。首先，对大型社会群体的认同变得更加明确。价值认同在很大程度上再现了传统的社会和阶

---

[1] Якуба Е. А. Изменение социально－классовой структуры общества в условиях его трансформации／［Якуба Е. А.，Куценко О. Д.，Хижняк Л. М. и др.］－ Харьков，1997.－ Режим доступу：http：／／www. sociology. kharkov. ua／rus／Ssociety_ wed. php － 59 КБ.

层团结,新的价值认同反映了社会的市场资源情况。根据这一指标,2000年乌克兰社会看起来和工人、农民、知识分子及高级职员的社会一样。这些人群的价值认同规模占人口的33%—49%。在社会领域,"市场"阶层的形成正在完成。企业家(14.4%)、大商人和企业主(9.6%)、农民(12.1%)的价值认同比例较高;1996年上述认同比例不高。①

根据2000年的一项研究,可以确定以下阶层的形成,这些阶层的形成过程虽然很积极,但目前内部结构混杂,共覆盖全国成年人口的42%:(1)企业家、商人和企业主的阶层形成,该阶层约占成年人口的5%;(2)高素质专业人才和知识分子的阶层形成,该阶层约占成年人口的18%;(3)工人阶层的形成。20世纪90年代该阶层的社会规模急剧下降,2000年约占成年人口的20%。在这一阶层的形成过程中,有降低阶层意识的倾向。学者们提出了一种假设:雇佣不合格劳动者和陈旧化的趋势很强;(4)农场主阶层的形成,正处于初始形成阶段;(5)农民阶层的形成,前景不确定。②

在21世纪初,一些学者区分出现代乌克兰社会有五个主要阶层,这些阶层正在形成之中,因此很难确定其百分比:(1)生产资料和金融资源大型所有者阶层;(2)国家领导人阶层;(3)中产阶层;(4)私营和公共经济部门享有特权的雇员,他们实际上有财产,获得中低收入;(5)中低收入无特权雇员阶层,没有财产或者仅名义上有财产。③

---

① Куценко О. Становление социальных классов как проявление самоорганизационных процессов в обществе/О. Куценко//Социология: теория, методы, маркетинг. –2002. –№ 4. –С. 122 –133.

② Куценко О. Становление социальных классов как проявление самоорганизационных процессов в обществе/О. Куценко//Социология: теория, методы, маркетинг. –2002. –№ 4. –С. 122 –133.

③ Бобіль В. В. Економічні фактори соціально – класової стратифікації в умовах становлення сучасного ринкового господарства України: автореф. дис. на здобуття наук. ступеня канд. екон. наук: 08.01.01 «Економічна теорія»/В. В. Бобіль. –Дніпропетровськ, 2003. –20 с.

这五个阶层各自在社会上发挥作用。生产资料和金融资源大型所有者阶层的主要作用是资本积累与再生产；国家领导人参与社会和经济生活的管理；中产阶层作为主要投资者、社会民主化的典范、政治和经济自由的保证人，影响公众生活的各个领域；无特权和有特权的雇员生产物质商品并提供某些服务。①

关于2001年乌克兰中产阶层的认同，1%的人认为自己是精英，45%的调查对象表示自己属于中产阶层，50%的调查对象认为自己是穷人，4%的调查对象未作决定。②

根据国家统计委员会对乌克兰家庭生活条件的抽样调查，2003—2004年，全国有4个社会群体③：

（1）下层阶层（穷人的定义为：每个符合条件的成年人的总支出低于中等水平的75%，即根据2002年数据，低于每月155.14乌克兰格里夫纳）。④ 2003年，乌克兰28.1%的人口为穷人。一贫如洗者属于下层阶层这一范畴，几乎占穷人阶层的一半——15.5%（支出低于中等水平的60%，也就是低于每月124.11乌克兰格里夫纳）；

（2）上部下层阶层（收入超过贫困线，但不足以被视为中产阶层）。2002年，每个符合条件的成年人的支出从每月155.14乌克兰格里夫纳增加到360乌克兰格里夫纳。这一阶层的人口应当是形成中产阶层的基础。2002年，几乎49.5%的乌克兰人口属于这一群体；

---

① Бобіль В. В. Економічні фактори соціально - класової стратифікації в умовах становлення сучасного ринкового господарства України：автореф. дис. на здобуття наук. ступеня канд. екон. наук：08.01.01 «Економічна теорія»/В. В. Бобіль. - Дніпропетровськ，2003. - 20 с.

② Середній клас України：теорія та сучасні тенденції становлення/［Бондар І. К.，Бугаенко Є. О.，Бідак В. Я. та ін.］- К.：Видавничий дім "КОРПОРАЦІЯ"，2004. - 582 с.

③ За даними вибіркового обстеження умов життя домогосподарств України у 2002 році/Держкомстат України. - К.：Держкомстат України，2003. - Режим доступу：http：//www. kneu. kiev. ua. /ua/publication/content/394. htm - 59 КБ.

④ Exchange rate of the National Bank of Ukraine as of December 31，2003：USD 100 = UAH 533.15；100 Euro = 666.24 UAH（hryvnias）. https：//tables. finance. ua/ru/currency/official/ - / 1/2003/12/31

（3）中部下层阶层（每月支出超过 263 乌克兰格里夫纳）。这一群体可被视为未来中产阶层的社会基础，占据上部下层阶层和中产阶层之间的中间位置。2002 年，几乎 14.3% 的人口属于这一群体；

（4）上层阶层（每月支出超过 5000 乌克兰格里夫纳）。2002 年，只有 3% 的人口属于这一阶层。①

2019 年，根据乌克兰国家统计委员会的官方数据观察到以下各社会群体的比例，但公民的实际收入可能比较高：

（1）下层阶层（穷人是指每个符合条件的成年人的总支出低于中等水平的 75%。据统计，低于生存水平的标准从 2020 年起每月从 2027 乌克兰格里夫纳增加到 3000 乌克兰格里夫纳）。2019 年，10.7% 的乌克兰人属于穷人。

（2）上部下层阶层（收入超过贫困线，但不足以被视为中产阶层，每月 3000 乌克兰格里夫纳到 5000 乌克兰格里夫纳的低收入工人）。这一阶层的人口应当是形成中产阶层的基础。2019 年，39.8% 的乌克兰人口属于这一群体；

（3）中部下层阶层（每月支出 5000—12000 乌克兰格里夫纳）。这一群体可被视为未来中产阶层的社会基础，占据上部下层阶层和中产阶层之间的中间位置。2019 年，几乎 46.5% 的人口属于这一群体；

（4）上层阶层（每月支出超过 12000 乌克兰格里夫纳）。2019 年，只有 3% 的人口属于这一阶层。

2020 年乌克兰人口的年龄分布情况如下：18 岁以下为 19.0%，18—24 岁为 7.4%，25—49 岁为 36.3%，50—64 岁为 20.9%，65 岁及以上为 16.5%。欧盟国家人口的年龄分布情况如下：18 岁以下为 18.8%，18—24 岁为 7.8%，25—49 岁为 34.1%，50—64 岁为

---

① Середній клас України: теорія та сучасні тенденції становлення/ [Бондар I. К., Бугаєнко Є. О., Бідак В. Я. та ін.] －К.: Видавничий дім "КОРПОРАЦІЯ", 2004. －582 с.

20.4%，65 岁及以上为 18.9%。[①]

表1　　　　　　　　乌克兰人口生活水平差异动态

年份	每个家庭成员的累计收入（折合美元平均数）	平均家庭人数	子女在18岁以下的家庭（%）	无子女家庭（%）	每月人均总收入当量低于法定生存水平的人口基数（%）	每月人均总收入当量低于实际生存水平的人口基数（%）
2000 年	18	2.76	43.6	56.4	—	—
2002 年	31	2.73	41.3	58.7	—	—
2004 年	44	2.71	37.2	62.8	—	—
2006 年	100	2.60	37.7	62.3	—	—
2008 年	172	2.60	37.8	62.2	—	—
2010 年	137	2.59	37.8	62.2	8.6	—
2011 年	148	2.59	37.8	62.1	7.8	—
2012 年	174	2.58	37.9	62.1	9.0	—
2013 年	194	2.58	38.0	62.0	8.3	—
2014 年	133	2.58	38.0	62.0	8.6	16.7
2015 年	85	2.59	38.2	61.8	6.4	51.9
2016 年	89	2.58	38.2	61.8	3.8	51.1
2017 年	112	2.58	38.2	61.8	2.4	34.9
2018 年	138	2.58	37.8	62.2	1.3	27.6
2019 年	198	2.58	37.9	62.1	1.1	23.1

资料来源：乌克兰国家统计局官方网站。统计信息：收入与生活条件。[②]

[①] 数据来自在所有欧盟国家进行的家庭生活条件抽样调查（EU SILC），http：//ec. europa. eu/eurostat/web/income – and – living – conditions/data/database# – 。由于四舍五入，数据可能不等于100%。

[②] 2016 年 12 月 31 日乌克兰国家银行汇率，https：//finance. i. ua/nbu/? d =31&m =12&y =2016；2017 年 12 月 31 日乌克兰国家银行汇率，https：//finance. i. ua/nbu/? d =31&m =12&y =2017；2018 年 12 月 31 日乌克兰国家银行汇率，https：//index. minfin. com. ua/exchange/archive/nbu/curr/2018 – 12 – 31/。

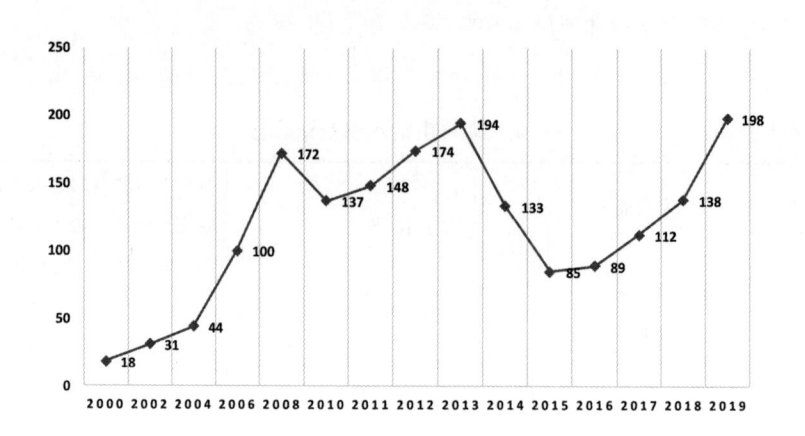

图1 乌克兰公民每个家庭成员的累计收入（折合美元平均数）

资料来源：作者根据乌克兰国家统计委员会的数据编写和计算。

乌克兰平均每个家庭成员累计收入（折合美元）的变化动态分析（见表1和图1）表明，2019年和2013年每个家庭成员的累计收入水平最高，2000年的收入水平最低。

根据家庭生活条件抽样调查，乌克兰国家统计委员会按每人每月收入将家庭分为11组。对乌克兰每人每月平均收入动态进行分析可得出以下结论（见表2）。

在研究期间（2010—2019年），收入最低的家庭数量减少了89.3%，收入最高的家庭数量达到3%。在农村，半数以上家庭的用地面积在1公顷以下，29%的家庭用地面积为1公顷至5公顷，12%的家庭用地面积为5公顷至10公顷。6%的农村家庭用地面积在10公顷以上。三分之二的城市家庭公地面积在10公亩以下，四分之一的城市家庭用地面积为10公亩至25公亩。通过种植蔬菜，土地利用给家庭提供了额外的收入，蔬菜价值未计入收入统计。

根据2016—2019年乌克兰城乡人口经济偏差分析结果，可得出以下结论。2019年，因资金不足而拒绝购买最基本低成本食品的家庭数量占城市家庭总数的8.7%，占农村家庭总数的9.8%。因此，可以得出这一结论，农村人因缺乏资金而更加痛苦。2019年，按每月总收入

表2 2010—2019年乌克兰人口分布动态

（按人均总收入计算%）

每人每月人均收入（乌克兰格里夫纳）	2010年	2011年	2012年	2013年	2014年	2015年	2016年	2017年	2018年	2019年	2019年数据与上一年数据的偏差（%）
3000.0以下	100.0	100.0	90.6	88.5	87.7	80.2	64.4	36.6	20.9	10.7	-89.3
3000.1—4000.0	—	—	9.4	11.5	12.3	19.8	35.6	30.8	27.3	19.2	增长2.04倍
4000.1—5000.0	—	—	—	—	—	—	—	17.8	22.8	20.6	15.73
5000.1—6000.0	—	—	—	—	—	—	—	14.8	29.0	16.6	12.16
6000.1—7000.0	—	—	—	—	—	—	—	—	—	10.4	—
7000.1—8000.0	—	—	—	—	—	—	—	—	—	7.9	—
8000.1—9000.0	—	—	—	—	—	—	—	—	—	4.6	—
9000.1—10000.0	—	—	—	—	—	—	—	—	—	3.2	—
10000.1—11000.0	—	—	—	—	—	—	—	—	—	2.3	—
11000.1—12000.0	—	—	—	—	—	—	—	—	—	1.5	—
12000.0以上	—	—	—	—	—	—	—	—	—	3.0	—

注：2014—2019年的官方数据未将顿涅茨克和卢甘斯克总考虑在内。

资料来源：作者根据乌克兰国家统计委员会的数据编写和计算。

计算的人均收入低于法定生存水平的人口占人口总数的2.4%（见表3），人均每月收入低于实际生存水平的人口占34.9%。可以说，2019年三分之一的乌克兰人口属于穷人（见图2\图3）。

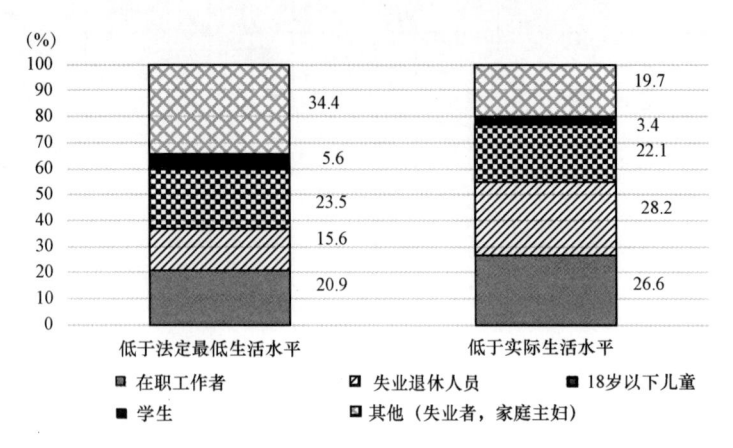

图2 2019年乌克兰贫困人口分布情况（按主要社会群体的收入标准）

资料来源：作者根据乌克兰国家统计委员会的数据编写和计算。

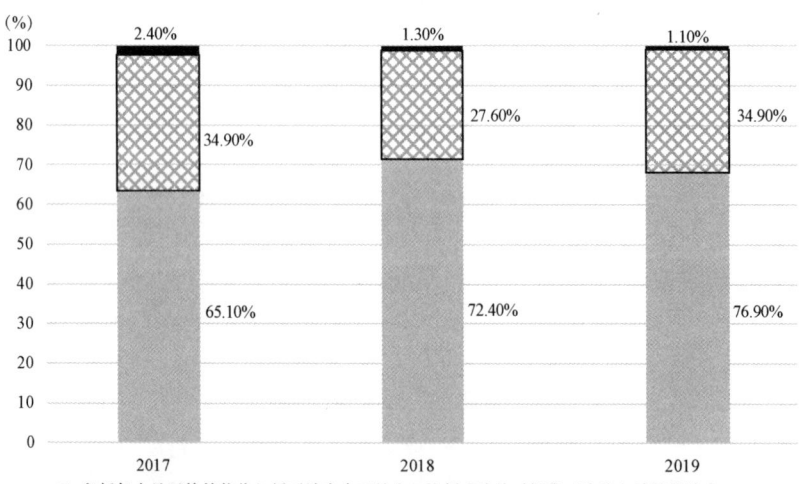

图3 贫困状况表（按绝对收入标准）

资料来源：作者根据乌克兰国家统计委员会的数据编写和计算。

2010—2019 年乌克兰家庭累计资源和支出动态分析（见表 3 和表 4）表明，研究期间所有研究对象的家庭收入和支出均有所增长。其中，家庭累计消费支出不断增长，2019 年达到累计支出的 91.3%（见图 4）。

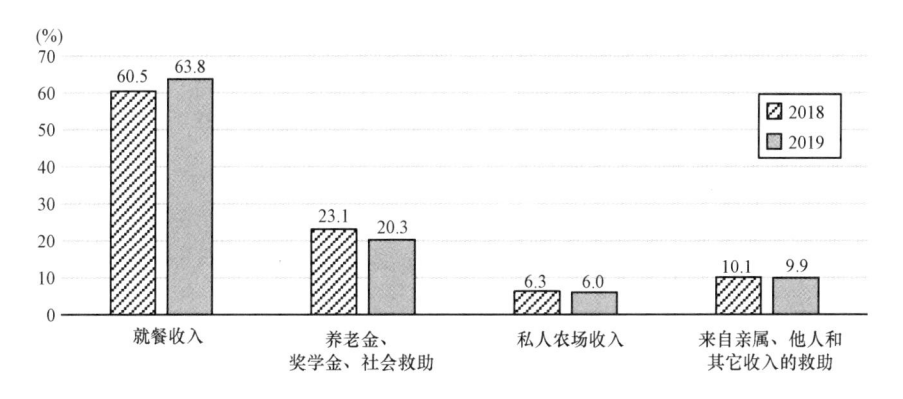

```
(%)
70
60    60.5  63.8
50                                          ▨ 2018
40                                          ▦ 2019
30
20         23.1  20.3
10                     6.3  6.0    10.1  9.9
0
    就餐收入  养老金、   私人农场收入  来自亲属、他人和
           奖学金、社会救助              其它收入的救助
```

图 4　乌克兰家庭总资源结构

资料来源：作者根据乌克兰国家统计委员会的数据编写和计算。

因此，家庭财政资源几乎全部用在消费上。食品仍然是家庭消费支出中最重要的项目（46.6%）。2019 年每人每天的餐费为 74 乌克兰格里夫纳，2016 年为 46 乌克兰格里夫纳。不同收入的家庭群体之间的累计支出结构存在差异，2019 年，收入水平最高的家庭仅将累计总支出的 39% 用于食品。在研究期间（2010—2019 年），消费支出大幅增长，其中公用事业支出增长 58.69%，医疗保健支出增长 28.13%，非食品商品和服务支出增长 18.91%。这是由于商品和服务的关税和价格比较高而造成的。[①]

---

① Лойко Д. М. Динаміка змін у структурі споживання домогосподарств України. Міжнародний науковий журнал «Інтернаука». Серія：Економічні науки. 2018. № 7. С. 107 – 112.

表3　2010—2019年乌克兰家庭累计资源动态

指标	2010年	2011年	2012年	2013年	2014年	2015年	2016年	2017年	2018年	2019年	2019年数据与2010年的偏差（%）
每个家庭月均累计资源（乌克兰格里夫纳）	3481.0	3853.9	4144.5	4470.5	4563.3	5231.7	6238.8	8165.2	9904.1	12118.5	增长3.48倍
现金收入（%）	89.1	88.9	91.0	90.8	91.2	89.4	86.0	87.5	89.9	92.0	3.25
其中：											
—劳动报酬（%）	47.6	48.9	50.8	50.6	48.8	47.2	46.7	52.4	54.5	57.3	20.38
—创业活动和个体经营产生的收入（%）	6.1	4.6	4.1	4.1	5.2	5.5	5.2	4.4	6.0	6.5	6.56
—销售农产品产生的收入（%）	3.4	3.1	2.8	2.8	3.2	3.4	2.9	3.0	2.5	3.4	—
—养老金、研究津贴和现金形式的社会福利（%）	25.8	25.5	27.1	27.1	27.0	25.2	23.1	20.2	19.9	19.2	−25.58
—亲属和其他人提供的资金补助，其他现金收入（%）	6.2	6.8	6.2	6.2	7.0	8.1	8.1	7.5	7.0	6.6	6.45
—已消费来自个人农场的产品成本（%）	5.0	4.8	3.8	3.9	4.6	5.1	4.8	4.0	3.8	3.6	−34.0
—津贴（%）	0.5	0.5	0.5	0.5	0.4	0.4	0.4	0.4	0.4	0.4	−20.0
—其他收入（%）	4.8	5.2	4.1	4.4	3.4	3.8	4.1	3.4	3.1	3.3	−31.25

资料来源：作者根据乌克兰国家统计委员会的数据编写和计算。

表4 2010—2019年乌克兰家庭累计支出动态

指标	2010年	2011年	2012年	2013年	2014年	2015年	2016年	2017年	2018年	2019年	2019年数据与2010年的偏差（%）
每个家庭月均累计支出（乌克兰格里夫纳）	3073.3	3458.0	3592.1	3820.3	4048.9	4952.0	5720.4	7139.4	8308.6	9670.2	增长3.15倍
累计消费支出（%）	89.9	90.1	90.8	90.2	91.6	92.9	93.2	92.9	96.0	91.3	1.56
其中：											
—食品	51.6	51.3	50.1	50.1	51.9	52.6	49.8	47.9	47.7	46.6	−9.69
—酒类、饮料、烟草产品	3.4	3.4	3.5	3.5	3.4	3.1	2.9	3.1	3.4	3.2	−5.88
—非食品商品和服务	34.9	35.4	37.2	36.6	36.3	36.5	40.5	41.9	40.9	41.5	18.91
其中：											
—住房、水、电力、燃气和其他燃料	9.2	9.6	9.9	9.5	9.4	11.7	16.0	17.0	15.2	14.6	58.69
—家用电器	2.3	2.2	2.3	2.3	2.3	2.0	1.7	2.0	2.1	1.8	−21.74
—衣服和鞋	6.0	5.7	6.1	5.9	6.0	5.7	5.6	5.5	5.4	5.5	−8.3
—医疗保健	3.2	3.2	3.4	3.4	3.6	3.7	4.2	3.8	4.0	4.1	28.13

续表

指标	2010年	2011年	2012年	2013年	2014年	2015年	2016年	2017年	2018年	2019年	2019年数据与2010年的偏差（%）
—交通	3.7	4.0	4.3	4.3	4.3	3.7	3.6	3.7	3.7	4.8	29.73
—通信服务	2.7	2.6	2.8	2.8	2.8	2.4	2.3	2.4	2.6	2.8	3.7
—教育	1.3	1.3	1.3	1.2	1.1	1.1	1.0	1.1	1.0	1.1	-15.38
—娱乐和文化	1.8	1.9	2.0	2.1	1.8	1.5	1.4	1.6	1.6	1.6	-11.11
—餐馆和酒店	2.4	2.5	2.5	2.5	2.3	2.0	2.2	2.3	2.4	2.6	-4.17
—各种商品和服务	2.3	2.4	2.6	2.6	2.7	2.7	2.5	2.5	2.7	2.6	13.04
累计非消费支出（%）	10.1	9.9	9.2	9.8	8.4	7.1	6.8	7.1	8.0	8.7	-13.86

注：2014—2017年官方数据未将克里米亚及塞瓦斯托波尔市考虑在内。

资料来源：作者根据乌克兰国家统计委员会的数据编写和计算。

三 小结

累计家庭收入动态统计数据分析证明，2010—2019 年乌克兰家庭平均收入水平增长了 3.48 倍。同一时期，每个家庭的月均累计支出增长了 3.15 倍。累计消费支出迅速增长，意味着家庭的储蓄在减少，即银行存款。2010—2019 年乌克兰家庭储蓄存款动态分析表明，研究期间家庭储蓄额减少，2019 年为负数。家庭储蓄取决于可支配收入总值、实际收益和最终消费支出。考虑到人口主要阶层的收入水平不足，应当指出，这表明储蓄群体的不均衡。银行账户存款数额减少表明人们的财政资源在减少，家庭正在将其储蓄用于消费。这是一种消极趋势，因为全世界家庭储蓄的增长被认为是福利的增长。研究期间，家庭存款最高水平出现在 2013 年，金额为 6568 亿乌克兰格里夫纳。与 2013 年相比，2014 年家庭存款减少了 36.34%，2019 年减少了 74.81%。根据家庭收入、支出和储蓄动态分析，可以得出这一结论：2007—2019 年期间，乌克兰家庭福利水平在下降，贫困风险在增加。

为了了解转型社会新的社会结构（社会阶层结构）的形成过程，最好采用一种研究方法，根据这种方法将社会分为上、中、下三个部分（阶层），并据此来分析正在转型的阶层结构的形成过程。

乌克兰中产阶层的变化与发展

一 乌克兰中产阶层

中产阶层的定义基于以下两个观点：第一个观点是中产阶层包括中等收入者，他们存在于任何时间和任何国家。在收入分层极小的苏联，80%的人口属于中产阶层。第二个观点是中产阶层与关心社会稳定的人联系在一起。

在确定转型社会中产阶层的形成特点时，有必要注意以下几个方面。在现代后工业世界，衡量国家福祉的标准不是一般中产阶层的动态，而是所谓的"新中产阶层"（信息经济的从业人员）的动态。新中产阶层从事生产活动，并确保西方高效和有竞争力的国民经济的运行。根据社会学家舒卡拉坦（O. Shkaratan）的研究，应当指出，在以资源型经济为基础的社会，有另外一个非常特殊的"中产阶层"，是另外一个人数不多的传统中产阶层。他们绝大多数是服务行业的小创业者和雇员，结合原材料企业（包括银行等）的基础设施来满足所属行业高层和中层管理人员的需求，以及政府官员和市政官员，其官方和非官方收入与所属行业有关。社会学数据显示，专门从事为经济精英和官僚精英服务的私人保安、公务员、服务人员等中层群体正在快速增长。许多私人保安是社会安全机构的另一个组成部分。

在GDP基础以原材料行业为主的国家，这种中间阶层（或中产阶层）通常具有数量上的优势。在转型社会，有一群人是寄生性的"新中产阶层",这一阶层被定义为"中间人"。这里扮演主角的是其价值激励特征和对社会向后工业信息经济发展的无能为力。这一阶层类型为保护属于世界体系中心的国家的原材料殖民地经济提供社会支持。[1] 由于存在这样的中产阶层,乌克兰不得不完全依赖经济发达国家和跨国公司。在这种情况下最糟糕的事情是,在一个以资源型经济为基础的社会中,并不需要占全国人口的大多数、从事创新型活动的中产阶层。

总的来说,在 21 世纪初,转型社会中产阶层被看作一组中间阶层:小企业家(从事中间活动,集中在商品和服务行业)、农场主、各级管理人员、自雇专业人员、独立谋生人员等,以及相对少数担任特权职位(例如在商业银行、西方公司)的雇员,尤其是经济学者、律师、保安和维修人员。这些人群约占转型社会经济活跃人口的 15%,他们对已经建立的市场经济模式普遍感到满意,因此大多数支持统治阶层,是统治阶层的预备队,在选举中投票支持右翼党派和执政党。[2]

在乌克兰独立后的转型时期,在原社会结构进行彻底重组的同时,传统规范、行为模式、角色、地位和社会控制体系等普遍面临危机。这一切带来社会认同危机、潜在中产阶层生存资源层级的变化、社会流动的特殊进程以及社会适应问题。

在转型社会,人的行为可分为以下几种:适应行为、传统行为(保留旧的行为规范、模式和原则)、抗议行为策略和失范行为。[3]

中产阶层的上层和中层通常能够做到积极适应,他们喜欢个人主义和竞争,不喜欢集体主义原则。中产阶层下层和穷人喜欢集体互助,

---

[1] Шкаратан О. И. Социальная политика. Ориентир – новый средний класс/О. И. Шкаратан//Общественные науки и современность. – 2006. – № 4. – С. 39–53.

[2] Руткевич М. Н. Консолидация общества и социальные противоречия//Социологические исследования/Руткевич М. Н. – 2001. – № 1. – С. 24–34.

[3] Суименко Е. И., Ефременко Т. О. Homo economicus современной Украины. Поведенческий аспект/Е. И. Суименко, Т. О. Ефременко – К. : Институт социологии НАН Украины, 2004. – 244 с.

不喜欢个人主义原则。

众所周知，社会流动因素是一种相当密集的垂直流动，垂直流动是主要的适应机制之一，适应机制能够让地位低下的受访者找到适配的职位，从而有助于整个社会的稳定与合法性。在现代乌克兰社会，限制上升流动的一个重要情况是，基本上可以进行上升流动的范围有限。现代乌克兰社会形成的垂直流动类型不具有"古典"市场特征，那时货币收入是在地位阶梯上的位置带来的直接结果，是通过一定水平的教育和资格而实现的。

既定的社会经济条件使上层阶层和中产阶层上层得以形成，推动了中产阶层的形成，但抑制了中产阶层的扩大和稳定，因为大众的社会文化行为基本上没有固定的模式，没有以意识形态为基础的稳定的自我认同，同时也缺乏对阶层利益的清晰认识。

至于中产阶层下层，即"原始中产阶层"，其中一部分人可以归入所谓的"穷忙族"。这些人的收入低于官方制定的最低生活水平。[1]

以前在提到穷人时，通常是指单身母亲、多子女家庭、无业退休人员和其他传统上的劣势群体。[2] 其中很多人至今仍是穷人。

然而，在乌克兰独立后的转型期间，出现了"新穷人"，他们是在劳动年龄范围内的人，有时处于实力和能力的鼎盛时期，多数生活在双亲富裕家庭。在"新穷人"中，有一群失业人员（超过10%）。第二类"新穷人"包括有住房和工作（更多的是全职工作）的人，但是他们的工资太低，不足以过上比较体面的生活。这些人至少占转型社会代表的一半。

乌克兰属于贫困程度高的国家。经济危机期间生产大幅下滑，通货膨胀率居高不下，生产率下降，失业率上升，加上个别企业甚至整

---

[1] Радаев В. В. Экономическая социология（курс лекций）/Радаев В. В. – М. : АСПЕКТ Пресс, 1997. – 368 с.

[2] Бродська С. С., Оксамитна С. М. Класова самоідентифікація населення України/С. С. Бродська, С. М. Оксамитна//Наукові записки НаУКМА. Серія «Соціологічні науки». – 2001. – Т. 19. – С. 44 – 50.

个经济部门的垄断地位，导致人均国内生产总值下降，工资占比下降，家庭实际收入和实际工资减少，有效需求和消费减少，需求和消费质量与结构同时恶化。雪上加霜的是，昔日的平等主义社会两极分化，一方面资金和财产迅速集中在少数人群手中，另一方面广泛社会的贫穷和贫困现象逐渐加剧。

乌克兰目前的社会和经济形势具有若干特点。其中一个特点体现在维持大部分家庭体面生活水平所需的收入水平不足与实际参与现实劳动过程之间的矛盾之中。换言之，在乌克兰目前的现实中，有工作并不能保证避免贫困，乌克兰劳动人口的贫困是由于工资低以及不同家庭群体的收入严重不平等造成的。国家的结构改革、最低工资和养老金的提高降低了收入低于实际最低生活水平的家庭比例，但全国的相对贫困率仍然很高。

最低工资制的实行历史比较短。19世纪，在社会主义和马克思主义观点日益流行的背景下，首次提出了设立工人最低工资的问题。1894年，新西兰通过了第一部（现代意义上的）关于最低工资的法律。在20世纪，多数国家都通过了类似的法律。然而，许多经济学家仍对最低工资制是否方便争论不休。新古典主义理论的支持者认为，最低工资制导致失业率和通货膨胀率上升，使小企业受挫。反对者则认为，最低工资制的积极影响远远大于其消极影响——特别值得一提的积极影响是，其保障了对非熟练工人和低技能工人的社会保护，提高了最穷者的生活水平，刺激了消费，减少了贫困。[1] 最终，约80%的国家（包括28个欧盟国家中的22个国家）设立了法定最低工资。[2] 丹麦、芬兰、瑞典、意大利、塞浦路斯、奥地利（以及挪威和瑞士）没有这样的概念。在这些国家，最低工资通过雇主和雇员之间的集体协议加以监管。表1显示了部分国家设立的最低工资的统计数据。

---

[1] Лібанова Е. Подолання бідності：погляд науковця. Україна：аспекти праці. 2003. No 7. C. 26 – 32.

[2] Minimum Wages around the world//Wage Indicator. – ［Електронний ресурс］. – Режим доступу：http：//www.wageindicator.org/main/salary/minimum – wage.

表1　　2020年1月部分国家的最低工资和平均月工资

国家	平均月工资（美元）	最低月工资（美元）	最低工资与平均工资的偏差（倍）
卢森堡	6382	2539	2.51
澳大利亚	3812	2202	1.73
新西兰	3285	1875	1.75
法国	3656	1824	2.00
德国	4767	1773	2.69
西班牙	2139	1245	1.72
美国	3971	1160	3.42
波兰	1371	724	1.89
立陶宛	1637	719	2.28
爱沙尼亚	1698	692	2.45
斯洛伐克	1408	687	2.05
匈牙利	1289	535	2.41
拉脱维亚	991	509	1.95
保加利亚	846	369	2.29
乌克兰	423	178	2.38
俄罗斯	638	157	4.06
白俄罗斯	481	125	3.85

资料来源：作者根据乌克兰财政部数据编制，https://index.minfin.com.ua/ua/labour/salary/world。

对表1所提供数据进行分析后可以得出以下结论：即使在大幅增加之后，乌克兰的最低工资水平（以美元表示）也低于所有邻国（白俄罗斯除外，其月最低工资在欧洲最低）。卢森堡和澳大利亚的指标为世界最高，最低工资分别高出乌克兰14.26倍和12.37倍。在欧盟国家中，保加利亚的最低工资最低（369美元，但其是乌克兰的两倍）。即使考虑到乌克兰的总体价格水平低于欧盟和美国，也可以说乌克兰工人的工作一直而且仍然被严重看轻。

研究劳动人口的贫困问题，探索造成和影响经济不平等的因素，对于发达国家也很重要。由于缺乏衡量收入贫困的方法，因此无法提供足够准确的估计。绝对穷忙族包括工资低于劳动人口实际最低生活水平的工人。根据可归入"穷人"的劳动人口的风险因素分析，我们发现位于小城镇、城市居住区或村庄、只完成了中等教育的家庭、有未成年子女的单亲家庭和健康状况不佳的家庭很可能被归为"穷人"。资历差的工作人群很可能被列入"穷人"类别。应特别注意穷忙族的性别特征。根据上述因素，女性更有可能面临"陷入贫困"的风险。另外，从事下列活动的人更有可能面临风险：教育、文化、医疗保健和社会服务。统计数字表明，从事这些活动的女性多于男性。

乌克兰需要进一步提高最低工资，因为社会标准的提高远远落后于消费价格的上涨。从2010年1月1日到2020年1月1日，乌克兰最低工资的增幅达5.43倍，平均工资增幅达5.61倍，如表2和表3所示。

表2　　2010—2020年乌克兰最低工资动态

时间	最低月工资（乌克兰格里夫纳）	最低工资增长（乌克兰格里夫纳）	最低工资较上一年涨幅（%）	年初月均最低生活水平（乌克兰格里夫纳）	最低工资与最低生活水平的偏差（%）
2010.01.01	869	244	39.04	825	5.33
2011.01.01	941	72	8.29	894	5.26
2012.01.01	1073	132	14.03	1017	5.51
2013.01.01	1147	74	6.89	1108	3.52
2014.01.01	1218	71	6.19	1176	3.57
2015.01.01	1218	0	0	1176	3.57
2016.01.01	1378	160	13.14	1330	3.61
2017.01.01	3200	1822	2.32倍	1544	2.07倍
2018.01.01	3723	523	16.34	1700	2.19倍
2019.01.01	4173	450	12.09	1853	2.25倍
2020.01.01	4723	550	13.18	2027	2.33倍

资料来源：作者根据乌克兰财政部数据编制，https：//index.minfin.com.ua/ua/labour/salary/min。

表3　　　　　　　　2010—2020年乌克兰平均工资动态

时间	月均工资（乌克兰格里夫纳）	全年月均最低生活水平（乌克兰格里夫纳）	平均工资与最低生活水平的偏差（倍）	乌克兰国家银行的乌克兰格里夫纳兑美元汇率	以美元表示的平均月工资	以美元表示的平均月工资较上一年增减（%）
2010.01	1916.0	848.6	2.26	8.0	239.5	—
2011.01	2297.04	923.0	2.49	7.94	289.3	20.79
2012.01	2722.19	1050.6	2.59	7.99	340.7	17.77
2013.01	2998.65	1142.0	2.63	7.99	375.3	10.16
2014.01	3146.46	1176.0	2.68	7.99	393.8	4.93
2015.01	3455.01	1253.0	2.76	16.16	213.8	−45.71
2016.01	4361.01	1424.33	3.06	25.15	173.4	−25.19
2017.01	6007.08	1622.67	3.70	27.12	221.5	27.74
2018.01	7711.15	1776.67	4.34	28.01	275.2	24.29
2019.01	9224.65	1938.67	4.76	27.76	332.3	20.70
2020.01	10745.28	2111.33	5.09	24.96	430.5	29.55

资料来源：作者根据乌克兰财政部数据编制，https：//index.minfin.com.ua/ua/labour/salary/average/usd/https：//index.minfin.com.ua/ua/labour/wagemin/。

如果按照按年初乌克兰国家银行的汇率重新计算平均工资的美元折算额，那么乌克兰的平均月工资增幅达1.79倍。对2010—2019年乌克兰最低工资、平均工资和最低生活水平变化动态的分析表明，到2016年，最低工资与最低生活水平之间的差距不大（在3%—5%以内），从2017年1月1日开始，最低工资高出最低生活水平2倍，随后几年一直保持着这一趋势（见图1）。

恢复工资购买力的主要条件是大幅调整最低工资的数额，这不仅决定了最低消费水平，而且设定了劳动生产率的最低允许值。我们认为，有必要采取措施，将最低工资转化为重要的实际价值，并重新考虑最低工资作为一种社会规范的作用，因为最低工资水平牵涉到社会福利的多少。

(乌克兰格里夫纳)

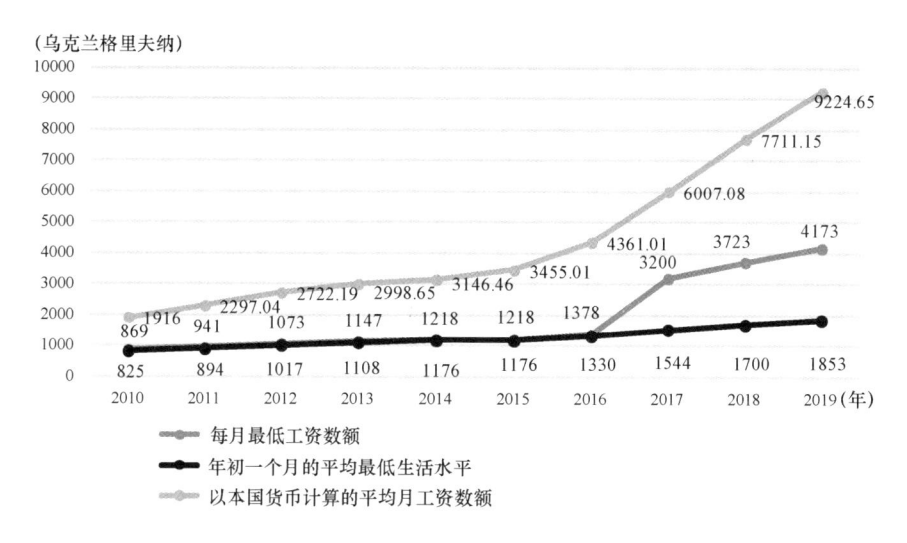

图 1　2010—2019 年乌克兰最低工资、平均工资和最低生活水平变化动态

资料来源：作者根据乌克兰国家统计委员会数据编制。

乌克兰应改革工资制度，从而产生一种机制来调节工资水平，确保工资与劳动力价格相等，雇主和雇员的利益达到最理想的平衡状态。

"穷忙族"是一个相对富裕的群体[①]，其人均收入通常超过最低生活水平。然而，贫困是由被剥夺状态（无法满足关键需求）造成的。在这种情况下，最痛苦的问题是机会迅速受到限制（比如：缺乏正常生活的手段、健康状况恶化、无法运用技能、无法教育孩子以及缺乏收入保障和依赖外部环境）。"穷忙族"的另一个问题是，他们处于社会支持系统之外，因为其中很多人不属于任何特殊群体。

让我们来关注转型社会中中产阶层的另一个方面。西方学术出版物在研究现代信息经济中的主要生产者（由管理人员和专业人员支撑的新中产阶层）方面积累了经验。苏联解体后各国社会形势的主要问

---

① Радаев В. В. Работающие бедные: велик ли запас прочности/В. В. Радаев//Социологические исследования. －2000. － № 8. － С. 28－37.

题是，国家高效信息经济体系的动态形成主要是由于"新中产阶层"的成功发展。然而，专业人员和管理人员所属的这些社会阶层处境艰难，无法扩大人力资本再生产、提升社会地位和从事高度创新活动（行使新信息经济创造者的职能）。[①]

在西方现代后工业社会，阶层和阶层关系的形成过程与专业阶层（所谓的"知识分子阶层"）的扩大有关，专业阶层的扩大严重影响了传统中产阶层的地位。[②] 在乌克兰工业社会的资本原始积累阶段，尚不具备条件来大规模发展知识密集型产业，为形成并在社会中发挥知识分子的潜力奠定基础。

中产阶层的代表（更确切地说，那些在某些条件下可以归入中产阶层的人）主要集中在大城市、相对富裕的地区和私营企业，很多人从事管理和财务工作。这一群体实施的战略并不总是达到、而且并非完全达到西方中产阶层的目标。这一群体通常的做法是隐蔽性就业和签署非正规劳动关系协定，这一方面确保了中产阶层的流动率，另一方面使其在敌对的制度环境中变得脆弱。在贫困地区和低效经济部门，中产阶层的人数很少。

同时还应考虑到中产阶层的自我意识模糊不清，因为中产阶层的代表并非以"群体"规范为指导，而是由全部人口的一般规范为指导。因此，中产阶层的消费和收入规范尚未在公众心目中牢固确立。

乌克兰社会的中产阶层有十分明显的"世世代代"归属于两个最兴旺的阶层（上层和中层）的趋势。然而，中产阶层下层（人数最多）的代际垂直流动性相对较低。在欧洲国家，虽然中产阶层与其父母相比往往会实现地位的突破，但在转型社会，中产阶层要么保持地位不变，要么地位下降。同时，欧洲国家和乌克兰下层阶层

---

① Шкаратан О. И., Инясевский С. А. Социально - экономическое положение професс-ионалов и менеджеров/О. И. Шкаратан, С. А. Инясевский//Социологические исследования. – 2006. – № 10. – С. 16 – 27.

② Уэбстер Ф. Теория информационного общества/Уэбстер Ф.；［пер. с англ.］. – М.: Аспект Пресс, 2004.

（穷人）的社会流动趋势完全相同。因此，一方面，中产阶层自我繁衍的普遍趋势是有案可查的，另一方面用于补充和扩大中产阶层的资源是有限的。

二 改革中的乌克兰中产阶层[①]

中产阶层是社会和政治稳定的关键，该论点得到了普遍认可。中产阶层是现代乌克兰正在进行的多项改革的社会基础。毕竟，中产阶层代表在价值优势上是面向市场经济、竞争的。

根据年龄和教育指标，乌克兰中产阶层的社会人口结构符合人们对发达国家中产阶层的认识。中产阶层核心占全国人口的12%—15%。此外，在中产阶层外围有多个阶层，这些阶层的代表并不符合加入中间阶层的全部标准，而是只符合其中一个或几个标准。我们将这些人称为潜在中产阶层，它几乎占乌克兰人口的35%。31%的受访者称自己是下层阶层，略多于1%的受访者称自己是较高阶层。中产阶层又分为五大群体：专业人员（占整个中产阶层的36%），技术工人（15%），企业家（11%），管理人员（10%），领养老金的人（9%）。[②]

乌克兰中产阶层的特殊性在于对国家的依赖程度相对较高。他们当中极少一部分是所有者——企业家、农民和房客。工人和靠社会或家人生活的人（领养老金的人、学生）占绝大多数。这种结构导致乌克兰中产阶层对经济和政治局势极为敏感，容易受到危机的冲击，并且依赖于劳务市场的情况（就业机会和劳动力价格）。所有这些因素在2014年之后，使乌克兰全国中产阶层的情况发生某些变化。

[①] 本节内容参考了以下文献：Olena Aleksandrova, Roman Dodonov, Nataliia Vinnikova. Postmaidan Ukraine: "Middle Class in the Shadow of Reforms (2019)", *Sudia Warminskie* (*The Studies of Warmia*), Vol. 56, pp. 439 – 455.

[②] Razumkov Center, Middle class in Ukraine: ideas and realities. Anatolii Rachok (sup.), Kyiv, Publishing House "Zapovit", p. 258, 2016, http://razumkov.org.ua/uploads/article/2016_Seredn_klas.pdf (in Ukrainian).

库岑科（O. Kutsenko）的作品介绍了社会阶层的形成机制。[1] 一般来说，成为中产阶层这一社会阶层的过程服从社会系统的自组织规律，Luhmann[2] 和 E. Giddens[3] 进行了部分描述，其中的基本规律如下：

（1）努力甄别（或者作出认同、提出异议、等级制度和备选方案，这些通过利用反思和自我描述作用机制是可以做到的）；（2）努力定名（利用符号使通过提名、预期和规则体系作出的甄别合法化）；（3）在持续反思性"自我"和"他人"的社会行为的基础上，努力再现和恢复差异；（4）相关行动对甄别、定名、再现和恢复方面产生协同效应，从而带来社会关系的形成和社会的构筑。

因此，最重要的阶层形成机制是：（1）个人对其"社会自我"的意识；（2）努力发挥活跃性和结构潜力；（3）行动有结构性的、流动的限制。[4]

如果毫无疑问中产阶层是作为乌克兰社会结构的一个要素而存在的，那么它作为一个完整社会群体的形成过程还远远不够完善。

首先，目前的中产阶层是一种流动性"十字路口"，社会上最强烈的流动发生在中间阶层内部，或者发生在中间阶层与社会其他部门之间。因此，试图划清中产阶层的界限是很难的，因为其界限是流动和不断变化的。

其次，在上述条件下，中产阶层的各群体和阶层有不同的社会出身，在社会劳动分工体系中的地位也不同。乌克兰中产阶层并不是由于新人的涌入而形成的，而是由于中产阶层代表的适应能力。因此，如今在乌克兰，中产阶层一方面流动性很强，另一方面，它是一个社会专业人群的聚合体，在目前条件下很难调和他们的利益，从而找到"共同之处"。另外，各种职业兴趣受区域和居住地差异等因素的影响

---

[1] Kutsenko O., "Do class fundamentals of political participation remain valid", *Sociology: theory, methods, marketing*, No. 3, pp. 92–115. (in Russian)

[2] Luhmann N., Theory of Society, 2012, Vol. 1, Stanford University Press, p. 488.

[3] Giddens A., Sociology, 2009, Cambridge, Polity Press, p. 1183.

[4] Kutsenko O., "Formation of social classes as a manifestation of self-organization processes in society", *Sociology: theory, methods, marketing*, 2002, No. 4, pp. 122–133. (in Russian)

很大。

几乎一半（46%）的中产阶层是专业人员和管理人员，换句话说，是知识分子。同时，只有一部分苏联知识分子加入了苏联解体后的中产阶层，成功适应了新的社会现实。前一种人员（管理人员）的适应更为成功：昔日的管理人员在苏联解体后往往进入管理层和商业界。只有28%的乌克兰专业人员可以归入中产阶层，而在管理人员中这一数字为39%。[1]

在上述背景下还有一个重要条件。在乌克兰，对于很多人、特别是中产阶层上层的人来说，走上成功之路并不是由于知识的积累和专业精神（这在文明世界被公认为中产阶层的主要资源），而是由于邻近"大"钱和人脉。大多数中产阶层代表不可能实现自己的社会诉求，这阻碍了一个稳定的社会行为模式的形成。

在中产阶层内部，从自组织水平的增长情况来说，没有明显的形成群体认同的迹象。自我认同的主要问题是，在事物的现实状态与多数乌克兰人为了成为中产阶层而努力奋斗之间存在差距。而中产阶层自组织面临的主要问题是，在维护自身利益的合法正当渠道方面的需求水平较低。此外，有学者的相关研究指出，乌克兰的中产阶层代表正在基于三个基础建立社会阶层认同：第一，部分认同之前时代的富裕阶层（那时幸福的象征是拥有平板车和别墅）；第二，在教育、资格而不是福利的基础上与西方中产阶层的规范性模式进行比较；第三，把自己与"高层阶层"分开，并脱离下层阶层。这种分离显然揭示出伦理性，即"我们用自己的工作提供了自己的福利"。脱离下层阶层具有不同的性质，更具社会心理性，是某种自我肯定（"我们成功了，我们没有放弃"）。[2]

---

[1] Razumkov Center, Middle class in Ukraine: ideas and realities. Anatolii Rachok (sup.), Kyiv, Publishing House "Zapovit", 2016, p. 258, http://razumkov.org.ua/uploads/article/2016_Seredn_klas.pdf. (in Ukrainian)

[2] Razumkov Center, Middle class in Ukraine: ideas and realities. Anatolii Rachok (sup.), Kyiv, Publishing House "Zapovit", 2016, p. 258, http://razumkov.org.ua/uploads/article/2016_Seredn_klas.pdf (in Ukrainian).

换句话说，乌克兰中产阶层的状态和数量受两种相反趋势的影响：一方面是巨大的内部潜力，另一方面是不利的外部因素。乌克兰独立期间所积累的隐性结构变形，妨碍了为市场经济的发展创造基础。这是一个阻碍乌克兰发展战略实施的若干系统性不稳定风险因素的问题。

第一，现代乌克兰社会信任和水平有待提高。2017年，只有7%的受访者信任政府，最高议会为5%，总统为11%，检察院为9%，法院为8%。在这些国家机构中，军队获得的信任度最高为46%，志愿者为56%，教堂为51%。[1]

乌克兰社会面临的最大问题是，人们失去了对彼此的信任。很大一部分乌克兰人不同程度地不信任其他人，只有19%的人并不觉得多数人不可信任。其他人中，46%的人偶尔有这样的感觉，27%的人经常有这样的感觉，9%的人几乎总是有这样的感觉。[2] 这一切都意味着，要实施能克服危机的项目会非常棘手，因为没有信任就不可能取得战略发展的计划成果。

第二，从根本上改变乌克兰社会，加强中产阶层的地位。根据《2020年改革战略》，预计改革数量会很大，以致国家没有足够的资源（人力、物力、财力）同时实施。例如，头等大事是宣布一项资本密集型的能源独立计划，该计划需要巨额投资和整个乌克兰经济彻底的结构调整。

为确保整个社会经济制度和社会政治制度达到最大累积效应，必须落实三大转型方向：（1）转变社会运行和经济的制度基础——为开展社会经济活动制定文明规范和规则；（2）转变公共关系基础设施，在社会上形成信任氛围——最大限度地促进公民与不同地区各级组织之间的互动，创建一种新的社会融合方式；（3）转变人的成长与发展体系——人的"人力资本"，尤其是文化价值维度。

---

[1] 乌克兰国家科学院社会学研究所监测，2016年。
[2] 乌克兰国家科学院社会学研究所监测，2016年。

其中第一个方向在很大程度上取决于能否成功落实与欧盟的《联合协议》中提出的措施，这些措施应使乌克兰经济更接近欧洲国家的基本运行准则，最重要的是提升政治领导的质量和国家机器的更新效率以及根除腐败。第二个和第三个方向将完成更复杂的任务，首先是克服普遍阻碍乌克兰社会发展和中产阶层形成的因素。

我们来更详细地讨论几个主要方向。

（一）社会经济因素

乌克兰独立后，拥有大量过时和低效的工业企业、环境不友好的技术和毫无竞争力的生产。更新这些能力并向世界标准发展需要外商投资，但外国资本并不急于来到乌克兰。早在1935年，科里（L. Corey）就提请人们注意，在经济疲软的国家，大量外国资本的流入会阻碍中产阶层的正常发展。这些国家抑制工业的发展，以促进农产品和原材料的出口，并进口工业用品，只发展那些主导经济并产生利润的行业（能源、采矿和交通动脉）。因此，这些国家的发展是不完整和"缩短"的，从而"不能形成一个为权力而奋斗和创造民主传统的中产阶层"。[①] 很多拉美国家的经历可以证明这一点，在外国垄断企业离开之后，这些国家严重缺乏本国自有的技能型人才。

在最近的乌克兰历史上，我们看到跨国公司不断游说立法规范，这些立法规范在有外国投资者参与的矿业发展中歧视国内机器制造和运输业。在这种情况下，形成了一种封闭循环：有助于形成庞大中产阶层的经济发展不会发生，因为社会不会形成能够使社会存在合理化的中产阶层。

在现代乌克兰社会，有多种因素同时影响着中产阶层的形成。劳动力流动性低或缺乏流动，导致劳动力潜力利用效率下降，闲人数量增加，进而引起了社会紧张情绪。

此外，由于社会和经济问题得不到解决，土地改革缺乏吸引力，

[①] Corey Lu, 1935, The Crisis of the Middle Class, New York: Covici - Friede, p. 379.

在此影响下，从 1997 年开始，移民趋势呈现为"农村—城市"和"农村—国外"。近年来，很大一部分农村居民出国赚钱或定居。对农村就业和生活状况不满意、对找工作感到沮丧的人数量有所增加，他们所占的比例几乎是城市相关指标的两倍。①

由移民进程引起的农村人口属地安置的主要变革趋势是，农村居民点网络逐渐递减，农村人口转变为下层人口，或者完全灭绝。乌克兰农村居民点网络以 27401 个农村居住点为代表（不包括克里米亚），2018 年初有 13015400 人，占全国人口总数的 30.8%。由于 1991—2018 年人口减少和行政领土改革，454 个村庄（占全国村庄总数的 1.6%）从国家领土上消失。在农村居民点网络逐步解体的过程中领先的是基辅（占全国村庄总数的 6.6%）、哈尔科夫（占全国村庄总数的 3.9%）、切尔尼戈夫（占全国村庄总数的 3.6%）和尼古拉耶夫（占全国村庄总数的 3.5%）地区。②

贫困现象的广泛分布（人口的大规模贫困）不仅对中产阶层的形成产生了负面影响，而且对整个社会的安全也产生了负面影响。当贫困进程的社会安全界限与相对贫困的界限吻合时，会对穷人提供实实在在的有效支持。贫困程度超过 20% 就具有社会危险性，因为贫困对人民的健康生计有负面影响（威胁公共廉政，社会爆炸风险高）。

2014 年至 2015 年上半年，乌克兰发生严重的经济危机，部分经济潜力丧失，人民生活水平急剧下降。2014—2015 年，乌克兰国内生产总值收缩 15.8%，工业产值收缩 21.8%，消费物价上涨 60.9%（截至 2015 年 4 月），实际平均月工资下降 23.3%。

如果说在政府发起的众多改革中，有一些改革令人对加强国家中

---

① Kraievska H, Employment in rural settlements in Ukraine: problems and directions of their solution, *Demography and social economy*, 2015, No. 3, pp. 209 – 219. (in Ukrainian)

② Ukrainian society: migration dimension: nat. report, 2018, Ptoukha Institute for Demography and Social Studies of the National Academy of Sciences of Ukraine, K, 396 p., https://www.idss.org.ua/arhiv/Ukraine_migration.pdf (in Ukrainian)

产阶层的地位感到乐观，那么这无疑是一项管理体系放权的计划。根据这项改革，在地方自治领域应更充分地考虑区域社区成员的利益；改革就是将很大一部分权力、资源和责任从行政机构转移到地方自治机构。该政策以《欧洲地方自治宪章》的规定为依据。2014 年 4 月，乌克兰政府批准了"改革地方自治和区域权力组织的概念"，之后批准了导致改革的《实施措施计划》。

当然，我们不可能明确地说乌克兰成功进行了放权改革。乌克兰议会政治力量的结盟没有允许通过关于放权的《乌克兰宪法》修正案。现实中存在某些问题，但总的来说，有关当局发起的改革为建立有生命力的区域村庄、居民点和城市社区创造了适当的法律条件和机制，这些社区联合起来共同解决紧迫问题。以新的模式对地方预算提供财政支持，中央预算给了地方预算一定的自主权，事实证明这种模式是合理的。从 2015 年 8 月 31 日开始，地方自治机构获得了额外的收入来源，并大幅增加计入本机构预算的收入（增加 46%）。此外，新的制度均衡了不同社区的财政能力，有力激励了地方当局提升投资吸引力并发展本地区的商业。

有的社区设法与其他社区联合起来，建立区域联合社区，从而成为放权改革的最大受益者。新建的联合社区通过多次增加预算，大大提高了财政能力。同时，乌克兰的社区合并速度大大超过了其他一些国家（拉脱维亚、爱沙尼亚、挪威、丹麦）的类似进程，虽然联合进程本身是自愿的——在通过社区联合法六个月之后，乌克兰 7% 左右的区域社区完成合并。[①] 改革者认为，这些措施的执行将带来乌克兰局势的根本性变化和本国中产阶层人数的切实增加。随着总统换届，整个政治进程有可能发生巨变，这使得放权改革和其他改革的前景变得不明朗。

非正规经济和非正规关系在乌克兰转型社会具有特殊意义：它们

[①] Haran O. ed., Transformation of public spirit in the face of countering Russian aggression in Donbas: regional dimension. Kyiv, Stylos, 2017, p. 235, https://dif.org.ua/uploads/pdf/150467475158f5c921352af7.35764833.pdf. (in Ukrainian)

将填补原制度体系出现的空白,发挥稳定作用,提供必要的适应机会。制度转型必然会导致旧的、惯常的、"常规的"互动机制与新的正规机制暂时不一致,即使出现最有利的改革发展情景,社会也需要一定时期来调整社会规范,传统上社会成员是在社会规范的引导下进入新的正规机制。乌克兰的这一转型过程面临很多困扰,一些不利情况相伴而生,制度改革趋势、速度和质量发生变化,尚未为市场参与者充分制定透明的、可为转型变革提供稳定性的游戏规则。

(二)社会政治因素

资本与统治精英的"联盟",阻碍了乌克兰转型社会走上可持续发展的轨道。乌克兰已经形成了寡头性质的制度,这一点不仅在科学和专家层面得到认可,也得到了普通公民的认可。根据乌克兰国家科学院社会学研究所 2015 年的监测,44.7% 的受访者认为寡头在乌克兰社会生活中扮演重要角色。在被问到如何定义本国所发生的事情时,相对大多数公民(44.7%)选择的答案是"寡头之间的斗争"。[1]

垂直流动的可能性有限,这是建立在资本之上的经济关系体系的特点。这种体系的显著特点是社会上的资源分配(包括政治资源)不均衡。乌克兰的情况也是如此,乌克兰出现了不稳定的社会结构,其中多数是穷人。在现有体系里形成的中产阶层不能作为社会阶层结构的一个重要元素,而只能处于过渡状态甚至是边缘状态。一小部分中产阶层设法进入社会的更高阶层,但多数注定要进入下层阶层,或者在一段时间里说不定处于"顶级富豪"与"大多数穷人"之间薄薄的夹层里。本书作者同意其他学者的观点(Zlobina,Shul-

---

[1] Zlobina O., Shulha M., Bevzenko L., Socio - psychological factors of the integration of Ukrainian society, Kyiv, Institute of Sociology of the National Academy of Sciences of Ukraine, 2016, p. 276, https://i - soc. com. ua/assets/files/journal/leshch - socio - psy - factors - a5 - 16 - 01 - 2017. pdf. (in Ukrainian)

ha, Bevzenko)①，庞大中产阶层的存在完全不符合寡头体系本身的逻辑，也不符合寡头集团的企业利益，这些寡头集团在某个领域建立了垄断权力，并在此基础上创造和增加资本。独立社会力量独立于寡头利益而存在，可以促进市民社会的发展，对权力结构施加公共压力并影响决策，但并不符合寡头政治的利益。

乌克兰体系也缺乏对技能型人才的需求，或者只对拥有必要人脉的人才有需求。这反过来又使"教育—资格—收入—长期储蓄—消费水平"链条变形，该链条可确保中产阶层的形成和发展。教育不能保证获得职业前景光明的工作。工作不能保证收入，私营部门和公共部门某个职业的代表薪金差异很大。收入不能保证地位，因为很多高收入的来源是非法的。

从社会经济、社会文化和社会政治角度来看，乌克兰中产阶层是不稳定的——它还没有完全成为一个政治实体。考虑到这一点，我们可以断言，乌克兰中产阶层的前景喜忧参半。同样，已经确定归属的群体既有可能朝着欧洲模式的中产阶层发展，也有可能边缘化，失去展现社会活跃性的癖好。

一方面，关于乌克兰中产阶层的近期前景，可以说，如果不消除阻碍其形成的因素，那么，在大多数穷人面临日益加剧的社会紧张局势和富人肆意妄为的条件下，中产阶层仍将是沉默的少数。

另一方面，乌克兰社会变革涉及中产阶层作为市民社会基础的自组织、社会关系的进一步民主化、社会行为新规范和价值观的形成、社会团结和责任基础的更新等更深层次的进程。

从社会系统的自组织立场来看，乌克兰中产阶层经历了三个阶段的自组织：努力甄别、努力定名、努力再现和恢复差异。最复杂的事情仍然是相关行动对甄别、定名、再现和恢复差异产生协同效应。然

---

① Zlobina O., Shulha M., Bevzenko L., Socio-psychological factors of the integration of Ukrainian society, Kyiv, Institute of Sociology of the National Academy of Sciences of Ukraine, 2016, p. 276, https://i-soc.com.ua/assets/files/journal/leshch-socio-psy-factors-a5-16-01-2017.pdf. (in Ukrainian)

而，这些协同效应的产生带来了更加优化的社会结构和社会互动关系的形成。

根据库岑科（O. Kutsenko）的方法论，可以说现代乌克兰的中产阶层已经按照客观标准（自身财务状况的界定）和主观标准（自我认同和价值取向的标准）实现了"社会自我"，但还不能发挥活跃性结构潜力。

中产阶层的划分模糊不清，有人对其进一步自组织持乐观态度，这是由于乌克兰民众整体向社会政治自我认同转变而造成的。因此，"乌克兰公民"地位的重要性提升了 1.5 倍，从 2013 年的 35.9% 提升到 2015 年的 52.3%。同时，相似的繁荣等团结基础退居次要地位，爱国主义的浪潮暂时削弱了乌克兰社会收入分层的重要性。①

乌克兰人一体化优先事项中的二元论消失，欧洲方向支持者形成了稳定的核心，成为主要的一体化载体，这些都有助于乌克兰在价值框架上巩固中产阶层。

我们希望，进一步的放权进程将有助于乌克兰走出发展的阴影。我们认为，这些改革应该得到一切可能的支持，因为国家本身创造了有利条件来限制影响中小型企业的官僚负担，并且利用制度来建立对市民社会的控制。如果消除了出售区域社区土地的腐败行为的潜在威胁，那么放权对于扩大乌克兰中产阶层的界限和构成来说就是一个重要因素。

三 结论

经过综合分析现代乌克兰社会转型期中产阶层的形成和发展过程，我们得出了以下一般结论。

---

① Zlobina O., Shulha M., Bevzenko L., 2016, Socio - psychological factors of the integration of Ukrainian society, Kyiv, Institute of Sociology of the National Academy of Sciences of Ukraine, 276 p., https：//i - soc. com. ua/assets/files/journal/leshch - socio - psy - factors - a5 - 16 - 01 - 2017. pdf

在研究转型社会的中产阶层时，学者们发现了另一个方法论问题。在众多实证研究过程中挑选出来的社会"中间"部分，通常用"中产阶层"这一概念来描述，其绝不是作为一个整体社会形态而构建的，除了"中间性"之外，很难赋予任何一般的实质性特征。因此，与其将现代乌克兰人的生活现实与西方现实相比，不如与相应的解释相比。

中产阶层的主要功能是确保国家的经济、社会和政治稳定。我们认为，社会的发展以及中产阶层的形成实际上是一个过程，因而，中产阶层在转型社会中的诞生可以被看作转型社会的发展目标和有效改革的重要标准。

让我们来确定乌克兰转型社会的主要特点（这些特点造成了中产阶层的形成问题）以及现代乌克兰社会的详细社会结构。

转型经济有以下特点：（1）持久，逐渐转型；（2）经济不稳定；（3）替代发展，即发展趋势的选择主要取决于外部因素；（4）惯性再生产；（5）新经济形态的出现和再现；（6）特殊转型方式的出现和运行，典型特征是某一类型社会和产业关系的新旧方式的要素结合在一起；（7）很大一部分人口很长时间保留原来的世界观、价值观、传统心态和并非市场经济所固有的经济行为模式。

乌克兰转型社会的转型难点在于，转型变革的实施不符合大多数人的需求、利益、价值观、心态和世界观。乌克兰转型社会的特色引起了一些中产阶层的形成问题。由于当今乌克兰转型社会的经济发展是以实现工业社会的利益为基础的，而社会分层完全基于物质基础，因此乌克兰中产阶层的形成应以古典原则、标准和特点为基础。

在西方国家，市场扩张发生在其他领域（政治、家庭、科学和媒体）相互独立自主之后。在乌克兰，市场关系的发展甚至在这些领域分离之前就开始了，一方面造成了社会对抗关系，另一方面又助长了乌克兰社会的进一步阴影化和刑事化。

如果说在资本原始积累阶段，国家无法影响私有化的原因是违反了纵向行政关系和横向沟通原则，那么今天，国家效率低下的原因则是氏族和企业利益的实现。

寡头机构利益的实现导致乌克兰形成所谓的"精英经济",国家的主要财富和资源用于支持特权企业。寡头机构剥削社会,限制商业公平竞争,这导致腐败和影子经济蔓延,进一步阻断社会上升流动的渠道,从而减少了在转型社会成为强大的中产阶层的机会。

如今,乌克兰大多数劳动人口仍然在大型老企业工作,其中很多企业没有竞争力,其活力远远低于"新经济"的实体。这种经济发展不仅会阻碍社会垂直流动,而且还会减缓独立前现代化所缔造的城市阶层长期向健全的中产阶层转变。

目前的乌克兰社会已经分化,社会结构由两种趋势的相互作用决定——加深不平等的趋势和社会同质化的趋势。从社会角度来说,在中产阶层形成中最重要的问题是减贫。

认同危机是阻碍中产阶层在转型社会形成和发展的主观因素之一。

在乌克兰,作为中产阶层形成的基础的市民社会仍然很穷。原来实行国家社会主义制度的所有社会都缺乏可与欧洲发达社会的资本媲美的积累水平。因此,必须加强国家的监管和刺激作用,首先是在劳务市场上,要提高生产性就业水平,减少失业人数,特别是缩短失业期,从而为庞大的中产阶层创造必要条件。

乌克兰潜在中产阶层的多数成员应具有守法、社会责任感强、务实思维和活跃等特点。中产阶层的这些特点如果被低估,那么即使具备了必要的经济条件,对建立坚实的社会基础也无济于事。

转型社会分为具有不同价值体系的不同群体。社会各阶层的生活方式决定了道德观念——规范、模式、动机和行为目标。上层阶层在品德虚伪与彻头彻尾的欺骗国家与人民之间摇摆。一般人只拥有"狡猾(伪善)之人"可获得的机会;言行不一是这种人的典型特征。由于生活水平低,下层阶层往往无法遵守道德规范。

极端的社会分层(贫富分化)使公共道德常态化受到挫折,进而导致最劣势人群不可避免地参与犯罪。在犯罪环境下和在商业界,对自私、诚信缺失、攻击性、蔑视权利和道德等消极品质都有明显的需求。考虑到这种社会道德观念,如今乌克兰的社会正义基础就无从谈起。

乌克兰中产阶层的形成存在内部问题，这些问题都因全球化进程而更加复杂。乌克兰转型社会呈现出社会空间瓦解的趋势。有些社会群体在物质福祉上差异很大（四分之三的人口是低收入者和穷人）。在独立的转型过程中，受社会变革影响的人急剧增加。在向市场经济社会转型过程中，自尊标准发生了改变，财富成为社会阶层分化的终极基础。

乌克兰社会已明显沿着社会异化线和社会经济线分裂。社会裂痕以具体的阶层实践方式制度化，并且成为形成转型社会阶层体系的基础。

我们相信，上层阶层具有现有社会阶层的所有主要特点：支持其稳定的规范和制裁措施，文化符号和互动，群体认同的形成（几乎已完成），以及与该阶层相关的生活方式。中产阶层不具备其中任何一个特点，中产阶层的形成在转型社会中表现出一种模糊性。一方面，市场决定着适当的竞争行为；另一方面，在中产阶层的世界观结构中，传统的反市场取向价值观依然存在。这种社会结构的后果之一是，低收入群体与社会异化，对他人和社会制度越来越不信任，这对形成新的社会秩序的基础产生了负面影响。

关于现代乌克兰社会中产阶层的形成条件、来源、补充途径和因素，可以归纳如下。转型社会中中产阶层的形成基础可以说是资源、动机前提和意识形态前提的三合一。转型社会中中产阶层的发展源泉可以是行政阶层和行政市场阶层、一部分影子经济实体、中型企业、知识分子和工人阶层。

在变革条件下，乌克兰转型社会中产阶层可以通过以下几种方式加以补充：（1）通过增加收入、积累和资产合法化；（2）对于受过良好教育、高素质的群体，提供以最小损失适应新的市场条件的机会；（3）移民；（4）消除部分"影子"经济实体（中产阶层的潜在基础）的阴影。

在有利于转型社会中产阶层形成的因素中，国家的经济和社会政策至关重要。国家政策需要迎接以下挑战：（1）税制改革和小企业合法化、隐性工资和生产成本；（2）消费市场和服务市场落后于中产阶层的需求和机会；（3）社会和经济从中产阶层向原始中产阶层和贫穷社会群体转轨的性质和机制；（4）储蓄和投资；（5）全面抗击贫困。

在社会和政治方面，有必要区分一下中产阶层形成的下列条件：（1）在中产阶层的社会和专业群体和阶层内，在经济上和社会上活跃者的增长；（2）群体认同的形成；（3）提升教育、科学、文化在舆论中的地位及高资质创造性工作的威望；（4）发展横向关系和利益代表制度；（5）建立自己的社会制度和动员支持更注重"共同利益"而不是满足狭隘的群体、氏族和公司利益的政治参与者，从而提升社会影响力。

纵观乌克兰历史，中产阶层并非稳定的保障者。在多数情景下，它在乌克兰社会的发展中推动了现代化进步改革。由于规模小，中产阶层未能发挥稳定作用。即使在目前，中产阶层也无法执行稳定功能。从这个角度来看，中产阶层的潜力足以推动社会的进步变革，只是由于本身在社会变革中弱小无力，中产阶层往往在乌克兰的社会空间解散，导致进步改革出现逆转。

如今，乌克兰实际上没有便于庞大的中产阶层存在的必要条件，因此可以考虑在社会不确定因素下形成所谓的"原始中产阶层"。原始中产阶层的现代概念来自于中产阶层需要一个逐步的、有意识和有目的性的形成过程，而且必须集中所缺失的发达国家中产阶层固有的主要识别特征，因为在这一进程之后，就无法激活其统一和激励功能。目前，现代乌克兰社会的中产阶层属于少数。

后　记

《中国与乌克兰：中等收入群体与中产阶层研究》经过中国社会科学院社会发展战略研究院与乌克兰基辅格里琴科大学双方科研团队的共同努力如期完成并出版。中方与乌方科研团队分别由中国社会科学院社会发展战略研究院院长张翼研究员和基辅格里琴科大学校长维克托·奥格涅夫尤克（Viktor. Ogneviuk）教授牵头组织。

中方科研团队成员包括中国社会科学院社会发展战略研究院孙兆阳副研究员、马峰副研究员、戈艳霞副研究员，乌方团队成员包括基辅格里琴科大学副校长纳塔莉亚·维尼科娃（Nataliia Vinnikova）副教授、历史与哲学学院院长欧琳娜·阿列克桑德洛娃（Olena Aleksandrova）教授、瓦列丽伊娜·罗伊科（Valeriia Loiko）教授、哲学教研室主任罗曼·多铎诺夫（Roman Dodonov）教授、维塔利·扎瓦德斯科伊（Vitalii Zavadskyi）副教授、瓦列恩吉娜·鲁德恩科（Valentyna Rudenko）博士。其中，中方科研团队的孙兆阳副研究员撰写了本书第三章中国教育发展与中等收入群体扩大，马峰副研究员撰写了本书第四章中国扩大中等收入群体的经济社会发展意义，戈艳霞副研究员撰写了本书第二章中等收入群体发展状况与社会结构优化。

本书的中国与乌克兰科研团队向两国读者奉献了一部优秀的学术作品，在此，向所有参与本书科研工作的团队成员致以诚挚的敬意。

中国社会科学院—乌克兰基辅格里琴科大学中国研究中心
2022 年 1 月